PORTUGUÊS BRASILEIRO
A LÍNGUA
QUE FALAMOS

Conselho Acadêmico
Ataliba Teixeira de Castilho
Carlos Eduardo Lins da Silva
José Luiz Fiorin
Magda Soares
Pedro Paulo Funari
Rosângela Doin de Almeida
Tania Regina de Luca

Proibida a reprodução total ou parcial em qualquer mídia
sem a autorização escrita da editora.
Os infratores estão sujeitos às penas da lei.

A Editora não é responsável pelo conteúdo deste livro.
A Autora conhece os fatos narrados, pelos quais é responsável,
assim como se responsabiliza pelos juízos emitidos.

Consulte nosso catálogo completo e últimos lançamentos em **www.editoracontexto.com.br**.

Stella Maris Bortoni-Ricardo

PORTUGUÊS BRASILEIRO
A LÍNGUA
QUE FALAMOS

Copyright © 2021 da Autora

Todos os direitos desta edição reservados à
Editora Contexto (Editora Pinsky Ltda.)

Montagem de capa e diagramação
Gustavo S. Vilas Boas

Preparação de textos
Valentina Carvalho Oliveira
Lilian Aquino

Revisão
Eliana Moura Mattos

Dados Internacionais de Catalogação na Publicação (CIP)

Bortoni-Ricardo, Stella Maris
Português brasileiro, a língua que falamos / Stella Maris Bortoni-Ricardo. – São Paulo : Contexto, 2021.
128 p.

Bibliografia
ISBN 978-65-5541-059-4

1. Língua portuguesa – Brasil – História 2. Linguística I. Título

21-0407 CDD 469.09

Angélica Ilacqua CRB-8/7057

Índice para catálogo sistemático:
1. Língua portuguesa – Brasil – História

2021

Editora Contexto
Diretor editorial: *Jaime Pinsky*

Rua Dr. José Elias, 520 – Alto da Lapa
05083-030 – São Paulo – SP
PABX: (11) 3832 5838
contexto@editoracontexto.com.br
www.editoracontexto.com.br

À memória da jornalista Larissa Bortoni

Sumário

Introdução 11

⚡ **Português é a língua mais difícil que tem** 15
    Jesuítas e Marquês de Pombal 15
    Os três primeiros séculos de colonização 18
    Mobilidade geográfica no Brasil 22

⚡ **História do português** 25

⚡ **História do português no Brasil** 29
    Contínuos linguísticos 38

⚡ **A população brasileira** 41
    Comunidade de fala brasileira 49
        Contínuos dialetais 49

⚡ **As pessoas conversam** 53

- **Variação linguística: um recurso à disposição dos falantes** 57

- **Redes sociais** 61
    - Função social das redes 71
    - Redes isoladas e integradas 72

- **A função da língua como símbolo de identidade pessoal** 75

- **A linguagem humana** 79
    - A dupla articulação da linguagem 82
        - Morfemas 82
        - Fonemas 83

- **Aspectos da fonologia do português no Brasil** 87
    - Processos que afetam as consoantes líquidas /r/ e /l/ 88
    - Mudanças esporádicas de vogais 89
    - Outros processos fonológicos encontrados no português 89
        - Prótese do /a/ 89
        - Alternância entre o /i/ oral e o nasal 90
        - Metátese do /r/ e do /s/ 90
        - Epêntese 90
        - Aférese 90
        - Assimilação do /d/ e do /b/ 91
    - Estrutura da sílaba 91
    - Ditongos 92
    - Redução de ditongos 93
    - Tendência às sílabas abertas 95
    - Supressão de consoantes pós-vocálicas em posição de final de palavra 95

- **Variação linguística e educação** **97**

- **Competência comunicativa e concordância verbal e nominal** **105**
  Competência comunicativa 105
  Concordância verbo-nominal 110

- **Adágios sobre a língua portuguesa** **115**
  Língua muito difícil 116
  A distância entre o falar e o agir 116
  Críticas à prolixidade 117
  Elogio ao silêncio 117
  Funcionalidade da língua e alegria na comunicação verbal 118

- **O Acordo Ortográfico** **119**

  Bibliografia **123**

  A autora **127**

Introdução

Este livrinho se propõe a ser uma conversa coloquial sobre a língua que mais falamos no Brasil, o português brasileiro, dando uma especial atenção ao que os falantes pensam, suas crenças e opiniões. Para isso, comecei por me fazer uma pergunta: como se evidencia o senso comum em relação à língua portuguesa na norma utilizada no Brasil? Confrontada com essa pergunta, percebi que ela se desmembrava em pelo menos duas outras:

1. Como é a língua nossa do dia a dia?
2. Como as pessoas se referem aos seus modos de falar, ou seja, aos seus modos de usar a língua?

A primeira questão é muito estimulante, mas era incompatível com a proposta do livrinho, pois de fato haveria de exigir muito mais, talvez toda uma coleção de livros. No entanto, tranquilizava-me a certeza de que já há no Brasil e nos demais países lusófonos (Portugal, na Europa, Brasil, na América do Sul, Moçambique, Angola, São Tomé e Príncipe, Ilhas de Cabo Verde e Guiné Bissau, na África, além do Timor Leste, na Ásia) – compõem a Comunidade dos Países de Língua Portuguesa (CPLP) uma vasta produção de livros e artigos voltados à descrição da língua portuguesa, sua estrutura e seus usos, em cada uma dessas comunidades de fala, que contempla também a forma como a língua, em cada uma delas, se manifesta em diversas variedades (ver mais no capítulo "História do português no Brasil", seção "Contínuos linguísticos"). Mesmo não sendo nosso compromisso fazer mais uma descrição exaustiva do português brasileiro, alguns aspectos bem específicos dos nossos modos de falar a língua portuguesa vão merecer atenção. Especialmente, espero aduzir novas informações sobre os referidos aspectos, valendo-me de uma perspectiva sociolinguística, isto é, com maior ênfase nos usos da língua do que na forma propriamente.

Refletindo sobre a segunda questão apresentada – como as pessoas se referem aos seus modos de falar, ou seja, aos seus modos de usar a língua –, pensei em buscar em adágios ou provérbios de uso generalizado no Brasil alguma referência a essa questão, pois formas consagradas em um grupo social podem ser muito reveladoras das crenças e atitudes no grupo.

Comecei, então, por selecionar na internet adágios populares referentes, de forma direta ou indireta, à interação verbal dos falantes em nosso país. Nos próximos capítulos, veremos o que provérbios e expressões do senso comum podem nos ensinar sobre a nossa língua do dia a dia. Mas, antes, é preciso começar do começo, ou seja, identificar sucintamente a língua portuguesa, no concerto das línguas nacionais contemporâneas, sempre enfatizando seus usos brasileiros.

Quando tratamos de crenças e atitudes dos falantes do português do Brasil em relação à língua majoritária no país, não podemos nos furtar de discutir, em primeiro lugar, a crença de que o português "é a língua mais difícil que tem". Para isso, será preciso recuperar algumas informações referentes à transposição da língua portuguesa da Europa para o Brasil e o processo de "glotofagia" dessa língua em relação às demais línguas faladas no que hoje é o território brasileiro. Chamamos de glotofagia o fenômeno de ordem política ou social que resulta no desaparecimento de uma ou mais línguas por influência de uma língua ou cultura de maior prestígio.

A Sociolinguística, como sabemos, é um campo de estudo multidisciplinar, pois inclui dimensões da sócio-história da língua, aspectos sociológicos dos seus usos na comunidade de fala e a descrição de fenômenos linguísticos que são por natureza variáveis.

Um bom exemplo da abrangência da disciplina Sociolinguística são os dois livros de Ralph Fasold: *The Sociolinguistics of Society* (1984) e *The Sociolinguistics of Language* (1990).

O presente livro segue essa orientação epistemológica. Os quatro primeiros capítulos ocupam-se da história da Língua Portuguesa, sua origem ibérica e transplantação para o Brasil. Os quatro capítulos seguintes são dedicados às dimensões sociológicas do português na comunidade de fala brasileira. A perspectiva analítica desses capítulos é macrossocial. Os capítulos finais têm perspectiva analítica microssocial e tratam de aspectos linguísticos e fenômenos do português brasileiro.

Português é a língua mais difícil que tem

JESUÍTAS E MARQUÊS DE POMBAL

A crença, bastante generalizada, mas nunca comprovada de forma científica, de que o português é a língua mais difícil que existe tem origem e incremento na tradição do ensino da língua em nosso país.

A gênese dessa tradição há de ser encontrada no modelo educacional jesuítico – com seu *Ratio Studiorum,* uma espécie de coletânea fundamentada em experiências vivenciadas no Colégio Romano, a que foram adicionadas observações pedagógicas de diversos outros colégios, cujo objetivo era instruir rapidamente todo jesuíta docente sobre a natureza, a extensão e as obrigações do seu cargo – que, durante o século XVI e até meados do século XVIII de nossa história, era a única iniciativa de educação no Brasil.

Pode-se dizer que a educação no Brasil originou-se no processo de evangelização dos habitantes nativos, a julgar pelo que diz nossa história oficial. Pelo menos foi com esse pretenso intuito missionário cristão que Portugal justificava o extermínio das populações locais e a imposição da língua e da cultura vigentes no seu extremo ocidente da Europa, nas terras descobertas no início do século XVI, mais propriamente em abril de 1500. Os protagonistas desse processo foram os padres da Ordem de Jesus, ordem religiosa muito importante naqueles tempos idos. A Ordem dos Jesuítas, à qual pertence o atual papa Francisco, foi fundada em 1540 pelo espanhol Ignácio de Loyola, que lançou suas bases na Capela de Montmartre em Paris a partir de 1534, com seis outros companheiros, entre eles São Francisco Xavier.

Dentre os jesuítas que vieram como missionários para a Terra de Santa Cruz, devemos citar dois que foram mais relevantes no processo de colonização no primeiro século do Brasil. São eles José de Anchieta (★1534-†1597) e Manuel da Nóbrega (★1517-†1570).

Manuel da Nóbrega foi um sacerdote jesuíta português que chegou à Bahia em 1549, juntamente com o primeiro governador-geral, Tomé de Sousa (★1503-†1579). Teve participação na fundação das cidades de Salvador e do Rio de Janeiro.

José de Anchieta, canonizado santo pela Igreja Católica, era natural das Ilhas Canárias, um arquipélago espanhol no Oceano Atlântico, e veio ao Brasil como missionário, chegando a Salvador em 13 de julho de 1553, com menos de 20 anos. Em 1554, participou da fundação do Colégio São Paulo, origem da grande metrópole homônima contemporânea. É dele a autoria da primeira gramática da chamada "língua geral" falada em todo o litoral brasileiro, que ele denominou de *Arte de gramática da língua mais usada na costa do Brasil*, publicada em 1595 em Portugal.

Engajados no compromisso da cristianização dos aborígines, os jesuítas se preocuparam em ensinar-lhes a ler e escrever, bem como a conhecer os princípios da gramática latina, tudo de acordo com os princípios do *Ratio Studiorum*, que contemplava, entre outros, conhecimentos sistemáticos de Retórica, Humanidades, Gramática Superior, Gramática Média e Gramática Inferior.

O currículo jesuítico, com tal ênfase nas gramáticas já naquele tempo, representava uma postura retrógrada se comparado ao progresso que se instaurou em outros países da Europa Ocidental a partir do final do século XVII e que combatia a subserviência do Estado à Igreja Católica, pregando a secularização, como se pode confirmar em textos históricos (The Ratio Studiorum, 2005).

Essa valorização gramatical acompanhou toda a colonização e chegou ao território contemporâneo do Brasil, atingindo sua consolidação com a Portaria nº 152 de 24 de abril de 1957, que apresentou o anteprojeto de Simplificação e Unificação da Nomenclatura Gramatical Brasileira (NGB), mencionado por todas as gramáticas normativas e escolares modernas.

Por ocasião do grande terremoto, seguido de um tsunami, que destruiu Lisboa em 1755, a principal figura portuguesa daquele século, o iluminista Marquês de Pombal (★1699-†1782), que então estudava na Inglaterra, foi chamado a Lisboa para aconselhar o rei D. José I (★1714-1777). Esse rei, apelidado de "O Reformador", reinou sobre Portugal e Algarves de 1750 até 1777. Era o terceiro filho de D. João V (★1689-†1750) e passou à história principalmente por obra e graça de seu ministro Marquês de Pombal. Com a morte do rei D. José I, assumiram Dona Maria I (★1734-†1816) e seu marido D. Pedro III (★1717-†1786), que destituíram Pombal de seu cargo. No entanto, nesse interregno, haviam surgido alguns seminários na colônia, atentos à pedagogia dos jesuítas.

Pombal, que hoje é referido como um déspota esclarecido, introduziu diversas reformas no reino português, fortalecendo a figura do rei absolutista e enfraquecendo a nobreza e o clero, em busca da racionalização do Estado, visando a superar seu atraso em relação aos vizinhos europeus. Introduziu, ainda, o direito civil em substituição ao canônico. O Estado português chegou mesmo a colocar-se em desacordo com a Santa Sé diversas vezes até a morte de D. José I e posterior subida ao trono de D. Maria I.

Quando falamos em "educação sistemática" no Brasil, cujo início é obra jesuítica durante o governo de Pombal, o principal fato a mencionar é a expulsão dos jesuítas da metrópole e das colônias em 1759.

Para se ter uma ideia da importância da influência jesuítica na educação na colônia, vejamos alguns dados aduzidos pelo sociólogo Fernando de Azevedo (★1894-†1974) (1996): os jesuítas detinham, àquela época, no Brasil, 25 residências; 36 missões; 17 colégios e seminários; além de escolas de ler e escrever, instaladas em quase todas as vilas onde existiam casas da Companhia.

A expulsão dos jesuítas, decorrente de desentendimentos entre essa ordem e outras vigentes na Europa, teve, pois, um grande impacto em Portugal e mais ainda no Brasil, onde a incipiente educação havia ficado durante 210 anos sob a responsabilidade exclusiva da Companhia de Jesus. Ao Estado passou então a responsabilidade de selecionar, nomear e fiscalizar os professores a quem cabia ensinar as primeiras letras, em disciplinas como Latim, Grego, Filosofia, Geografia, Gramática, Retórica e Matemática. O currículo jesuítico abrangia grande parte dos saberes científicos conhecidos até então, que no Brasil ficaram sob a responsabilidade do Estado a partir de 1759.

Depois da hegemonia dos jesuítas, muitos decretos e leis foram publicados a fim de consolidar a língua portuguesa na colônia. Um exemplo é a carta régia do primeiro-ministro Marquês de Pombal em 30 de setembro de 1770, que impunha uma gramática normativa oficial nas escolas da metrópole e de além-mar, como lembrou o suplemento especial do *Jornal do Brasil* de 7 de junho de 1981, com o título: "Língua, Linguagem e Poder".

Com essa brevíssima descrição histórica, pode-se ver que a preocupação com regras de gramática já era uma característica da elite urbana letrada no Brasil desde o século XVIII, mas é preciso entender melhor como se constituiu essa elite urbana: em outras palavras, como se processou a urbanização. Isso será apresentado nos capítulos seguintes (cf. Bortoni-Ricardo, 2014).

OS TRÊS PRIMEIROS SÉCULOS DE COLONIZAÇÃO

Com base em Celso Furtado (★1920-†2004) (1959), Darcy Ribeiro (★ 1922-†1997) (1995) estima que houve, no primeiro século da colonização, a dizimação de 1 milhão de índios, mortos principalmente por epidemias. Paralelamente cresceu o número de mestiços.

Durante os dois primeiros séculos da colonização do Brasil, os portugueses tiveram de adaptar-se linguisticamente à língua dos nativos, que se manteve hegemônica até a época das bandeiras que partiam de São Paulo, conforme observa Sérgio Buarque de Holanda (★1902-†1982) (1995 [1936]). O mesmo autor esclarece que entre as mulheres e os filhos dos colonizadores só se falava essa língua e os meninos iam aprender português na escola. Ainda segundo Buarque de Holanda, existem registros de que em 1725 a Câmara Municipal de São Paulo solicitou à Sua Majestade que os padres enviados à colônia fossem falantes da língua nativa. O autor observa que, entre paulistas do século XVII, a língua geral era mais corrente que o português. Já nas regiões em que havia poucos indígenas, como no caso da cidade de Campinas, o português dominava.

Conhecemos hoje em dia como "língua geral" essa que foi inicialmente usada por portugueses e espanhóis para a comunicação com os indígenas. O linguista de saudosa memória Aryon Dall'Igna Rodrigues (★1925-†2014) (1986) nos ensina, entretanto, que, diferentemente da América espanhola, no Brasil a expressão "língua geral" não foi usada nos dois primeiros séculos de colonização. Veja-se que o padre Anchieta não usou essa denominação e intitulou sua gramática, já mencionada, de *Arte de gramática da língua mais usada na costa do Brasil*. Outros autores a chamaram de "língua do Brasil" ou "língua da terra". Por ter sido falada na grande área do território que viria a ser o Brasil, essa língua da colonização também pode ser referida como uma "língua franca", ou seja, aquela que é adotada para comunicação geral e que se baseia em uma das línguas vigentes na comunidade, mas sofre influência das demais. A denominação que se firmou da língua falada na colônia, sobretudo ao longo do século XVII, foi a de "língua brasílica". Podemos considerá-la uma língua de emergência, que é aquela que surge em territórios de contato entre dois ou mais códigos, principalmente em situação de colonização.

A língua brasílica, falada pelos missionários e indígenas, aparece tardiamente, no século XVIII. Pode-se perguntar por que essa língua de base tupinambá desapareceu enquanto em outros países sul-americanos as línguas indígenas, como o guarani, o quíchua e o aimará, preservaram-se até os nossos dias. De fato, em resposta, há de se considerar que essa língua colonial brasileira não pertencia a um grupo homogêneo que a preservasse como base de sua cultura, mas sim era um código supraétnico usado por muitas etnias que foram exterminadas ou empurradas para o oeste. Os remanescentes misturaram-se com a população não índia. É relevante observar, com Gilberto Freyre (★1900-†1987) (1968), que, entre os caboclos, a língua brasílica, também chamada de "língua geral", foi usada até o início do século XVIII. É ainda desse autor a observação de que, até o início do século XIX, entre os descendentes de índios, a principal preocupação "era parecer branco". Eles rejeitaram os traços culturais de seus antepassados e adotaram a língua, a religião e o modo de vida europeus.

A principal característica dos dois séculos iniciais da colonização foi um bilinguismo instável. Estou denominando-o "instável" porque a língua dos aborígines coexistia com o português falado pelos colonizadores, que aos poucos foi-se impondo, como quase sempre acontece com a língua do grupo que detém o poder em situações de contato. No entanto, o grande número de topônimos de origem indígena, como as denominações de montanhas, rios etc. no litoral brasileiro e nas regiões paulistas e mineiras de colonização mais antiga, atesta a vitalidade de sua língua.

Em muitos territórios da América, África e Ásia, que já eram habitados quando chegaram colonizadores europeus, a partir do século XV, desenvolveram-se interlínguas que, posteriormente, se consolidaram como línguas *pidginizadas* e línguas crioulas. Nesse processo, a língua dos colonizadores é chamada "língua do superestrato" e as demais de substratos. As línguas crioulas quase sempre se derivam de um *pidgin*, que é um sistema de comunicação rudimentar desenvolvido por pessoas que falam línguas diferentes e que precisam se comunicar. Não são, contudo, rudimentares; são línguas naturais como todas as outras, encontradas em ambientes de plurilinguismo.

É possível que nos primeiros séculos de colonização tenha havido no Brasil um multilinguismo instável. Os "brasileiros" naquela época falavam a língua geral, além de outras línguas indígenas. A partir do início do tráfico negreiro, que perdurou do século XVI ao século XIX, começam a ser usadas também línguas africanas. Essa situação de contato linguístico deve ter produzido *pidgins* e crioulos, mas não há registros definitivos sobre esse tema. No entanto, é muito provável que as nossas variedades populares do português contemporâneo tenham sido influenciadas por essas interlínguas no período colonial.

Se aceitarmos a hipótese de que houve uma língua *pidginizada* no Brasil Colônia, segue-se que, com o chamado ciclo do ouro, aumentou consideravelmente o número de falantes de português, que seria a língua do superestrato.

De acordo com Serafim da Silva Neto (★1917-†1960) (1977), no século XVI havia cerca de 100 mil escravos negros; dois séculos mais tarde, esse número crescera para 1,3 milhão. Já Goulart (1975) estima que até a proibição do tráfico negreiro em 1851 entraram no Brasil de 3,5 milhões a 3,6 milhões de escravos. Esses escravos não pertenciam a um grupo linguisticamente homogêneo e eram classificados em ladinos ou boçais, conforme falassem ou não os *pidgins* africanos de base portuguesa.

Vemos que, nos primeiros séculos de colonização, o português de fato convivia com muitas outras línguas, dos indígenas e africanos, que eram a maioria da população, e esse contato de línguas tem de ser considerado quando estudamos os usos e as características da língua portuguesa no Brasil. Tal situação que descrevi resumidamente só vai alterar-se quando o país começa de fato a se urbanizar. Alguns antropólogos preferem usar o termo "urbanização" quando esse processo é acompanhado da industrialização. Porém, no Brasil a urbanização se inicia sem a correspondente industrialização, que só viria ao final do século XIX.

Durante o século XVII, a exploração de ouro de aluvião tornou-se tão intensa que os historiadores denominam o período como o ciclo do ouro. A exploração do metal nobre, juntamente com a criação de gado, determinou a ocupação gradual do interior do país, com um considerável aumento da imigração portuguesa. A Tabela 1, a seguir, nos mostra as estimativas demográficas divulgadas por Darcy Ribeiro (1995: 151), que não cita suas fontes.

Tabela 1 – População do Brasil, 1500 a 1800 (estimativas)

	1500	1600	1700	1800
"Brancos" do Brasil	-	50.000	150.000	2.000.000
Escravos	-	30.000	150.000	1.500.000
Índios "integrados"	-	120.000	200.000	500.000
Índios isolados	5.000.000	4.000.000	2.000.000	1.000.000
Totais	5.000.000	4.200.000	2.500.000	5.000.000

Darcy Ribeiro (1995) observa que a população considerada "branca", falante de *nheengatu*, ou língua geral, era, de fato, mestiça, de pais europeus e mães indígenas, e recebia diversas denominações, a saber: *banda-forra* (branco com negro); *salta-atrás* (mameluco com negro); *terceirão* (recruzado do branco com mulato). Entre esses mestiços, segundo Gilberto Freyre (1968), a principal preocupação era parecer branco, como já vimos.

É possível entender nessa breve descrição a dicotomia que chegou até nós e que podemos, simplificadamente, resumir como: de um lado a língua e a cultura do colonizador, detentoras de prestígio, e, do outro, as línguas e culturas autóctones, ou transferidas da África. As primeiras haveriam de evoluir com a urbanização, como veremos a seguir, e as outras ou seriam dizimadas ou marginalizadas e restritas a áreas isoladas ou rurais.

MOBILIDADE GEOGRÁFICA NO BRASIL

Com base em dados levantados e estimados por censos demográficos do IBGE, pôde-se construir a Tabela 2 sobre o crescimento da população urbana no Brasil a partir do século XIX.

Tabela 2 – Crescimento da população total e urbana no Brasil

Ano	População total	População urbana	% da população urbana
1872	9.930.478	582.749	5,87%
1890	14.333.915	976.038	6,80%
1900	17.438.434	1.644.149	9,40%
1920	30.635.605	3.287.448	10,70%
1940	41.236.315	12.880.182	31,24%
1950	51.944.394	18.782.891	36,16%
1960	70.967.185	31.990.938	45,08%
1970	93.204.379	50.600.000	56,00%
1980	119.098.992	80.478.608	67,60%
1990	157.000.000	110.990.990	75,60%
2000	169.799.170	137.697.439	81,20%

Fontes: IBGE, Furtado (1959), Ribeiro (1995). *Inter alia.*

À medida que a urbanização se processou, aumentou o número de brasileiros escolarizados e ampliou-se a distância entre as comunidades urbanas e os habitantes do campo. Esses últimos foram, durante muitos anos, identificados como "caipiras". O termo deriva-se da palavra tupi *curupira*. Inicialmente associado às populações paulistas, passou a ter um uso generalizado em oposição ao modo urbano de vida.

A mobilidade geográfica sempre marcou a população do Brasil. De acordo com o censo de 1970, um terço da população nacional não estava residindo em seu local de nascimento (Oliven, 1982). Esses movimentos do campo para a cidade e de uma área povoada para outra são também relevantes quando se examina o processo de urbanização. Paralelamente, convém também examinar os esforços de alfabetização que acompanharam as mobilizações geográficas.

Valendo-nos, ainda, de dados do IBGE, foi possível construir a Tabela 3, referente à evolução do alfabetismo e consequente diminuição de analfabetos no Brasil.

Tabela 3 – Evolução do alfabetismo no Brasil

Ano	População com mais de 15 anos	Analfabetos com mais de 15 anos	%
1940	23.639.769	13.279.899	56%
1950	30.249.423	15.272.432	50%
1960	40.187.590	15.815.903	39%
1970	54.336.606	17.936.887	33%
1980	74.495.000	19.352.000	26%
1990	94.894.000	18.682.000	19%
2000	119.533.000	16.295.000	13%

Fonte: IBGE (2000).

O mesmo Instituto observa que o analfabetismo de jovens e adultos vem sendo reduzido no Brasil e passou de 11,5% em 2004 para 8,7% em 2012. Segundo a Pesquisa Nacional por Amostra de Domicílio (Pnad), essa redução foi mais intensa no Norte e Nordeste, justamente as regiões que apresentavam os mais altos índices de analfabetismo. Os maiores contingentes de analfabetos encontram-se ainda nas áreas rurais e nas periferias das grandes cidades, incluindo as capitais regionais.

É importante entender que esses números não incluem os quantitativos do analfabetismo funcional, que são muito superiores, e para os quais só existem cifras estimadas. A propósito, a expressão "analfabetismo funcional" tem sido utilizada como uma tradução do inglês para descrever a incapacidade de o indivíduo utilizar a leitura e a escrita para fins práticos na vida cotidiana. O Instituto Nacional de Estudos e Pesquisas Educacionais Anísio Teixeira (Inep) usa essa terminologia.

História do português

Vamos fazer uma pausa na descrição da população do Brasil a partir do século XVI para tratar aqui da dimensão histórica, ou diacrônica, da língua portuguesa. Para tanto, revisamos autores como Serafim da Silva Neto (1977), Bernardo Vasconcelos e Sousa (2010), Raymundo Faoro (1984), e especialmente a excelente *História sociopolítica da língua portuguesa* (2016), de Carlos Alberto Faraco.

A língua portuguesa é uma língua latina que se desenvolveu, tardiamente, ao final do Império Romano do Ocidente, no extremo noroeste da Europa, onde a península ibérica encontra o Atlântico. A origem do Império Romano no Ocidente é estimada no ano 27 a.C., sendo o nascimento de Jesus Cristo o ano zero da era cristã. O seu final deu-se por volta de 476 d.C.

Segundo a lenda, a fundação de Roma, na Itália Central, pelos irmãos Rômulo e Remo deu-se no Lácio em 753 a.C., dali expandindo-se nos séculos seguintes por toda a Europa Ocidental. À guisa de comparação, temos que o território da Gália, hoje quase todo ocupado pela França, foi conquistado pelos romanos entre 58 e 51 a.C. Já a Hispânia foi conquistada entre os anos 218 e 201 a.C. Os falantes das línguas ibéricas do extremo ocidente da península, a partir do século X da era cristã, ocuparam o território peninsular até o Algarve e os diversos dialetos que falavam ficaram conhecidos como o galego-português, do qual evoluíram o galego e o português modernos. Como Faraco observou (2016), passaram-se quase dois séculos entre as primeiras e as últimas ocupações romanas da península ibérica.

A origem do galego-português é o latim usado pelas pessoas comuns em diferentes pontos do Império Romano, conhecido como latim vulgar.

Levando em conta esse processo histórico, há que se fazer duas considerações. Primeiro: a língua latina chegou a diversos pontos da península em diferentes estágios evolutivos. Segundo: por longos períodos os falantes autóctones ibéricos exibiam diferentes graus de bilinguismo entre a língua do conquistador, que veio do Lácio, uma pequena região da Itália Central, banhada pelo rio Tibre, onde Roma foi fundada e evoluiu, tornando-se capital do Império Romano do Ocidente, e os dialetos locais, que são conhecidos como os substratos. Entre eles os falares dos celtas e dos iberos.

Os celtas pertenciam à família linguística indo-europeia e se espalharam pela Europa Ocidental a partir do segundo milênio antes de Cristo, na região hoje ocupada por Alemanha, Holanda, Dinamarca, Bélgica, França e Inglaterra. Embora os dados sobre esses povos careçam de confirmação científica, sabe-se que já eram civilizados e provavelmente dominaram rudimentos de metalurgia bem antes dos gregos e romanos. Eles teriam conquistado os iberos, nativos da península, por volta do primeiro milênio antes de Cristo.

No século V, a península ibérica foi invadida por povos germânicos, entre eles os suevos. No século VIII, a península foi novamente ocupada por estrangeiros, dessa vez invasores muçulmanos que implantaram sua língua na forma de um contínuo no território conquistado. Nos séculos X e XI os povos iberos lutaram pela retomada do território aos muçulmanos, o que é conhecido como a Reconquista.

O reino de Portugal foi criado entre os séculos XII e XIII da era cristã, quando o rei espanhol Afonso VI de Leão e Castela, que reinou no período de 1065 a 1109, aliou-se a nobres franceses para ampliar seus domínios. Entre eles estava Henrique de Borgonha, a quem o rei concedeu a área do extremo noroeste peninsular, denominando-a Condado Portucalense, e que hoje vem a ser o centro e o norte de Portugal, entre os rios Mondego e Minho.

A separação política mais definitiva entre a Galiza e esse Condado começou em 1128 (Sousa, 2010) com o infante Afonso Henriques (★1109-†1185), filho de Henrique e Teresa, que venceu a batalha de São Mamede contra o exército de sua mãe. Depois dessa vitória, Afonso Henriques foi sagrado rei. Sete anos depois foi reconhecido como tal pela corte de Castela, que manteve, contudo, a vassalagem de Afonso Henriques. Somente 36 anos depois desse reconhecimento o papa Alexandre III também aprovou seu *status* de rei.

Historiadores adotam o Tratado de Badajoz em 1267 como o marco da independência do Condado, quando Castela reconheceu o Algarve como território português. Desde a coroação de Afonso Henriques em 1139 até a definição das fronteiras atuais do país, decorreu um período de cerca de um século e meio, durante o qual Portugal teve de lutar contra os muçulmanos, como vimos, e também contra Castela, para consolidar sua independência. No período, os portugueses mantiveram sucessivamente vínculos de vassalagem com Castela e com o papa. Durante esse tempo, a monarquia era marcadamente feudal e o rei era um *primum inter pares* (o primeiro entre seus iguais).

Conforme Faraco (2016: 20), o edifício jurídico de Portugal iniciou-se com Afonso II (★1185-†1223), ampliando-se nos séculos seguintes. Foi com esse rei que se criou, em 1211, o *Livro de Registro da Chancelaria* (o primeiro em Portugal e o quarto na Europa), no qual se registravam todos os atos jurídicos e administrativos da Coroa, dando origem à complexa burocracia estatal contemporânea, formada pela lei constituinte e todos os outros ordenamentos jurídicos dela decorrentes, cuja base se apoia no direito romano, canônico e consuetudinário (cf. Faraco, 2016). No reinado de D. Dinis (rei de 1279 a 1325), finalmente concluiu-se a organização do Estado monárquico de Portugal, cessando a vassalagem à Castela e continuando a vassalagem ao papa.

Citando Faoro (1984), Faraco observa que no reinado de D. João I (1385-1433) as decisões políticas eram tomadas por prelados, fidalgos, letrados e cidadãos, sendo que os letrados em leis ganharam relevo sobre os demais. Contudo, a necessidade de tornar as leis conhecidas por um número maior de pessoas resultou na crescente substituição do latim pela língua românica vernácula que, na península ibérica, iniciou-se em Castela, completando-se com Afonso X no século XIII. Esse rei era avô materno de D. Dinis. Em Portugal, todavia, o emprego do vernáculo foi escasso antes de 1280 (cf. Faraco, 2016: 23).

> Foi, portanto, no correr do século XIII que a língua românica vernácula progressivamente ascendeu, em Portugal, à condição de língua do aparelho jurídico administrativo em decorrência da conjuntura que assistia ao aumento da complexidade da estrutura do Estado e à rarefação do conhecimento do latim.

Os estudos modernos demonstram à exaustão que nenhuma língua natural é um bloco homogêneo; pelo contrário, as línguas são formadas de variedades (em certas circunstâncias, denominados dialetos).

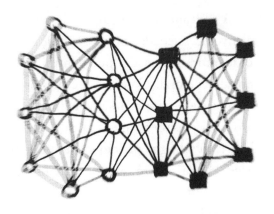

História do português no Brasil

Ao longo da história de seus falantes, determinada variedade, geralmente a usada pelos grupos de maior prestígio sociopolítico, é elevada à condição de língua padrão, ou seja, é padronizada, especialmente no uso da modalidade escrita, por meio de gramáticas, dicionários e vocabulários ortográficos. Essa variedade padronizada passa a ser ensinada na escola e é usada como principal código na literatura.

Quando começou a colonização do Brasil pelos portugueses, a sua língua já havia iniciado esse processo de padronização. Vejamos, por exemplo, que Luís de Camões escreveu o seu *Os Lusíadas* usando essa variedade de prestígio, em 1572. A primeira gramática da língua portuguesa (*Grammatica da Lingoagem Portuguesa*) foi elaborada pelo padre Fernão de Oliveira em 1536.

A padronização inclui a elaboração de gramáticas e de dicionários relativos à variedade erigida à condição de maior prestígio em detrimento de outras variedades que continuam a ser usadas, especialmente na modalidade oral. Considera-se mesmo que a padronização linguística seja relevante para o desenvolvimento tecnológico e científico de um povo. Há países em que praticamente todos os falantes têm familiaridade com a língua padrão e a adotam quando o evento social assim o exige. Há outros em que somente um grupo de mais poder e prestígio domina a língua padrão. No primeiro caso dizemos que a língua padrão é associada ao contexto e, no segundo, que é associada a grupo social.

Em nosso país, embora a língua padrão de fato seja associada ao contexto, seu uso é restrito aos grupos sociais que têm a oportunidade de frequentar escolas de boa qualidade. Convém também fazermos uma distinção entre a língua padrão real, usada pelos falantes quando as circunstâncias o exigem, e a língua padrão referencial. Podemos dizer que o padrão real se manifesta no uso, enquanto o padrão referencial é um tipo de norma ideal preservada nas gramáticas. Sempre é bom lembrar que a padronização das línguas seguiu, a partir da Idade Média, o processo de urbanização nos países europeus. Por isso, devem-se levar em conta variáveis socioeconômicas e históricas, que lhe condicionam a evolução e explicam, em parte, sua dialetação regional (horizontal) e social (vertical).

Em relação ao português brasileiro, temos que a fundação das primeiras cidades e consequentemente a difusão de um código padrão da língua ocorre nos primeiros séculos da colonização. Vejamos quando se deu a fundação das primeiras capitais contemporâneas:

Pernambuco – Recife (1537)
Bahia – Salvador (1549)
Espírito Santo – Vitória (1551)
São Paulo – São Paulo (1554)
Rio de Janeiro – Rio de Janeiro (1565)
Paraíba – João Pessoa (1585)
Rio Grande do Norte – Natal (1599)
Maranhão – São Luís (1612)

Pará – Belém (1616)
Paraná – Curitiba (1661)
Amazonas – Manaus (1669)
Santa Catarina – Florianópolis (1673)

As demais foram criadas a partir do século XVIII:

Mato Grosso – Cuiabá (1719)
Ceará – Fortaleza (1726)
Amapá – Macapá (1758)
Rio Grande do Sul – Porto Alegre (1772)
Alagoas – Maceió (1815)
Piauí – Teresina (1852)
Sergipe – Aracaju (1855)
Acre – Rio Branco (1882)
Roraima – Boa Vista (1890)
Minas Gerais – Belo Horizonte (1897)
Mato Grosso do Sul – Campo Grande (1899)
Rondônia – Porto Velho (1907)
Goiás – Goiânia (1933)
Distrito Federal – Brasília (1960)
Tocantins – Palmas (1989)

Em Bortoni-Ricardo (2014), postulei alguns fatores como relevantes na descrição da língua padrão, a que vou-me referir sucintamente.

a. A dualidade linguística – modalidade urbana *vs.* modalidade rural.
b. Os fluxos migratórios do século XX.
c. A contemporaneidade de estágios diversos de desenvolvimento no Brasil.
d. A tendência emancipacionista da literatura brasileira moderna.

A primeira dicotomia – língua urbana *vs.* falares regionais-rurais, que denominarei "rurbanos" – decorre do próprio processo de colonização, pois a língua portuguesa conservou-se mais semelhante à modalidade lusitana nos centros de colonização no litoral, onde havia constante intercâmbio comercial e cultural com a metrópole. Conforme observou Mattoso Câmara Jr. (1975), as diferenças entre a norma da metrópole e da colônia decorrem de se encontrarem muito distantes entre si e com um oceano de permeio. Ele lembra também que o português falado no Brasil é resultado de um compromisso entre os múltiplos dialetos portugueses postos em contato, no centro-sul de Portugal, depois da Reconquista. Em situações como essa, em que são postas em contato diversas variedades de uma mesma língua, há uma tendência à redução das particularidades mais típicas de tais variedades.

As diferenças entre a norma metropolitana e a colonial encontram-se principalmente na fonologia e no léxico. Tais diferenças, muito perceptíveis na fonologia, mesmo por ouvidos leigos – é ainda Mattoso Câmara que nos ensina –, decorreram da implantação de um ritmo em *allegro* em Portugal, no início do século XVIII, com forte relevância nas consoantes e ênfase na sílaba tônica, tendendo para a redução dos núcleos silábicos pré e pós-tônicos.

Quanto ao léxico, devemos considerar o notável acervo assimilado às línguas indígenas e africanas no Brasil. Temos de lembrar também, em relação aos falares "rurbanos", que neles teria sido mais acentuada a influência do substrato indígena brasileiro e o possível desenvolvimento de um *pidgin* falado pelos africanos entre si e nos seus contatos com a população de origem portuguesa. Convém lembrar que *pidgin* é uma língua de emergência criada por adultos em situações de contato de línguas, especialmente no caso dos territórios colonizados. Quando esse se torna língua materna de uma geração, adquire o *status* de língua crioula. O *pidgin* apresenta estrutura gramatical, léxico e amplitude estilística marcadamente reduzidos.

O tráfico de escravos para o Brasil durou três séculos (1502-1860), introduzindo no país cerca de 3,6 milhões de africanos de origens diversas: "sudaneses", da região situada ao norte do Equador (Ciclo da Guiné, século XVI); "bantos", ao sul do Equador (Ciclo do Congo e de Angola, século XVII); e "sudaneses", novamente, da costa ocidental (Ciclo da Costa da Mina, início do século XVIII, e ciclo da Baía do Benim, meados do mesmo século).

No século XIX, chegam escravos de todas as regiões, predominando os originários de Angola e Moçambique. Na vasta área do continente africano de onde vieram os escravos para o Brasil são faladas por volta de 200 a 300 línguas. Os africanos que chegavam ao Brasil, classificados em ladinos ou boçais, conforme dominassem ou não o dialeto crioulo português que já se instituíra na costa da África, permaneciam nas cidades litorâneas ou eram levados para o interior. No primeiro caso, tinham convivência mais próxima com os descendentes de portugueses. No segundo caso, nas fazendas ou quilombos, conviviam com africanos falantes de outras línguas e com mestiços falantes de interlínguas. Infelizmente faltam dados mais precisos sobre a chegada de africanos ao Brasil e as consequências linguísticas desse tráfico. Vejamos o que dizem os linguistas Anthony Naro e Maria Marta Scherre sobre essa questão:

> Uma abordagem conciliatória com relação às origens do Português popular brasileiro, adotada recentemente por Naro e Scherre (1993), postula que a origem primeira dos fenômenos variáveis de concordância veio de Portugal, mas que as condições de pidgnização endêmicas e aprendizagem de segunda língua em fase adulta que predominaram por toda a história do Brasil, mesmo antes da chegada dos escravos, aceleraram e exageraram as tendências iniciais durante o processo de *nativização* da Língua Portuguesa pelas comunidades das mais diversas bagagens culturais. É importante observar que estamos usando o termo *nativização* no sentido estrito de passagem de uma língua não nativa a língua nativa de uma comunidade de fala. [...] No entanto, como não temos acesso a dados Intermediários da evolução do Português do Brasil entre os séculos XVI e XX, lamentavelmente não podemos avaliar esses estágios evolutivos de maneira significativa. (Naro e Scherre, 2007: 52-53)

Estou chamando de "interlínguas" códigos que surgem no contato de diferentes sistemas e sofrem a influência desses sistemas linguísticos. O termo se aplica principalmente ao repertório dos falantes em áreas de colonização onde há um superestrato, que é a língua do colonizador aprendida de forma não sistemática, e muitas vezes vários substratos, que são línguas locais aborígines. À medida que a população autóctone se esforça para aprender o superestrato, pode produzir interlínguas com forte influência do léxico do superestrato, mas com redução de seus subsistemas flexionais. Geralmente ocorrem interlínguas no repertório de falantes não nativos em qualquer estágio anterior à completa aquisição de determinada língua-alvo, como se pode ler na literatura especializada.

Consideramos que os primeiros séculos de colonização brasileira constituíram uma situação propícia para o surgimento de um *pidgin* do qual, contudo, não há registros. Se houve um *pidgin,* e é bem possível que tenha havido, ele sofria influência em duas frentes:

a. o número crescente de portugueses, falantes do superstrato, principalmente depois da descoberta do ouro no século XVIII e
b. as diferentes línguas africanas, que se renovavam constantemente, pois o tráfico negreiro durou três séculos. Assim, levas recém-chegadas de escravos africanos conviviam com os que já estavam no Brasil há uma geração ou mais. Dos *pidgins* temporários, essas populações interioranas podem ter evoluído para a adoção de uma variedade linguística em que já se encontravam presentes todas as oposições fundamentais que caracterizam o sistema da língua portuguesa, especialmente nos subsistemas nominal, verbal e pronominal.

Devemos observar que nas variedades "rurbanas" muitas das oposições, como a de número, a de gênero e a de pessoa, que na língua portuguesa são implementadas de maneira redundante, passaram a ser realizadas com recursos analíticos em decorrência do reducionismo flexional. Por exemplo: a posição número-pessoal nas formas verbais, que se consubstancia redundantemente por meio dos pronomes pessoais e das flexões verbais, dispensou essas últimas e manteve apenas aqueles. Na oposição de número, nos sintagmas nominais, a marca de plural desapareceu do núcleo dos sintagmas, mas se conservou no primeiro determinante (cf. Scherre e Naro, 1998). O sistema modo-temporal dos verbos se simplificou, mas a dicotomia presente/passado foi mantida.

As variedades "rurbanas" ficaram por muito tempo mais ou menos circunscritas às regiões interioranas isoladas. No século XX assistimos, porém, a dois fenômenos de notáveis consequências linguísticas: a migração das populações das pequenas cidades e zonas rurais para os grandes centros e suas periferias e a difusão dos meios de comunicação de massa.

> Instala-se então nesses centros um processo de diglossia* onde atuam duas forças antagônicas: por um lado o padrão tradicional de redução flexional da própria língua, exacerbado pela situação de contato entre dialetos diferentes; por outro a pressão do prestígio da norma culta, imposta pela ação da escola, dos meios de comunicação e do *status* das classes mais favorecidas. (Bortoni-Ricardo, 2005: 33; cf. Fishman, 1972/1980 e Bortoni-Ricardo, 1985, 2014)

Observe-se que, citando Herzog, Labov (1972a: 300) afirma que "em situações de contato, os amálgamas se expandem às expensas das distinções".

Esse processo de declínio dos dialetos "rurbanos" acentua a estratificação vertical na língua. Ao se radicar em área urbana, o falante pode perceber mais facilmente o estigma que itens lexicais e expressões mais salientes de sua fala recebem e tende a substituí-los por palavras ou expressões de cunho urbano. No entanto, os padrões fonológicos básicos que se interseccionam com a sintaxe, como é o caso da supressão dos sufixos flexionais favorecidos pela própria deriva da língua, se mantêm, pois estão presentes em variedades urbanas populares e até na variedade considerada padrão. A literatura técnica chama de "deriva" as potencialidades evolutivas de uma língua. Por exemplo, a predominância da forma da terceira pessoa do singular nos verbos em toda a conjugação (nós fala, nós chegou, eles veio etc.). Todos esses fatores contribuem para firmar um dialeto popular que, segundo os estudiosos, apresenta notável uniformidade nas diferentes regiões do país se desconsiderarmos os regionalismos lexicais.

Muitos estudiosos põem em dúvida a existência de um *pidgin* nos primeiros séculos coloniais, basicamente porque não se encontram muitos registros dessa manifestação linguística. Mas é oportuno observar que Serafim da Silva Neto (1977 [1950]) nos traz informações que podem ser reflexos de um *pidgin* brasileiro. Ele diz, por exemplo, que os aborígines aprendendo português não pronunciavam os fonemas /f/, /l/, /r/ referindo-se ao /r/ forte. Para dizer "Francisco", diziam "Pancicú"; para dizer "Luís", diziam "Duhi". É esse autor também que traz uma imitação do português dos índios feita por um jesuíta que estivera no Brasil em livro publicado em 1620. Há que se manter em mente que, no período entre 1580-1640, Portugal e todos os seus domínios haviam sido anexados à Espanha por falta de um herdeiro para o trono português. O que aconteceu foi que o rei D. Sebastião (★1554-†1578) teria feito voto de castidade e, portanto, não deixou herdeiros quando desapareceu em uma batalha em Marrocos.

O texto que passo a reproduzir como um exemplo de um possível *pidgin*, recolhido por Serafim da Silva Neto (1977: 34), citando Mimoso (1620), é desse período.

> II – Oya que mim sadoyente
> Tapua, e sar mu Gaçados
> Se bos nom bem meu mandados
> Sar negros mu negro zente.
>
> Resposta:
> Nos não coiesse esso zente
> Pro que ha de feça fazê?
> Zente que sa tão premozas
> A remudar condiçãos
> A remetè fecános
> Ha reser muto morrozas.
>
> Resposta:
> II- Bozo sa Rei podrorozas
> Pode mandar nos co a pé
> Se bos mostra cofianza
> Y Rei frugà de nos be
> I fará nozo un mercê
> Nom predei tarbem
> Nom cudar ninguem
> Que nos sar na rua
> Que en que sar Tapua
> Sar zente tambem

> Saber que nos peza
> Non ser ricos zente
> Por da un presente
> A seyor princeza
> Parece um bereza
> Tam premozo bem
> Frugamo de vir
> Co esses minina
> Viva os pequenina.
> Que sar no Madril.

(Mimoso, 1620, apud Bortoni-Ricardo, 2014: 33)

William Labov já nos ensinou em 1972 que o declínio de vernáculos regionais resulta no recrudescimento da estratificação vertical da língua, não obstante o esforço padronizador das escolas e da mídia. Na observação desse fenômeno, cabe considerar o terceiro fator que expomos no início deste capítulo: na América Latina e particularmente no Brasil convivem contemporaneamente estágios diversos de desenvolvimento (cf. Silva Neto, 1977) decorrentes do próprio processo de colonização, da grande extensão territorial e da topografia adversa. Assim, há muitas regiões metropolitanas onde já se instalou o processo de diglossia a que nos referimos, ou seja, o contato dos falares rurais com dialetos de classe baixa não escolarizada. Mas há ainda lugares onde esses falares rurais permanecem tão isolados quanto no século XVIII, principalmente em função do difícil acesso geográfico. Quando a análise se detém nos indivíduos, temos aqueles que, por meio do ensino sistemático da língua na escola ou do convívio na cultura de letramento, já estão adiantados no processo de conformação de sua linguagem aos padrões citadinos de prestígio, enquanto outros conservam inalterada sua fala original. Esse fenômeno de mudança é tão diferenciado quanto o próprio fenômeno de mobilidade social (cf. Bortoni-Ricardo, 2014), e no Brasil está sujeito a múltiplos fatores de ordem geográfica e socioeconômica principalmente.

Um último fator que convém acrescentar à reflexão sobre o português brasileiro contemporâneo é a importância da tendência emancipacionista da literatura que se esboçou no Romantismo e se consolidou a partir da Semana de Arte Moderna em 1922. Até esse momento muito relevante da nossa cultura, os escritores demonstravam grande respeito pelos cânones gramaticais portugueses que refletem a norma culta empregada naquele país, mas não a norma culta das cidades brasileiras. A literatura modernista, além de um vocabulário popular, adotou construções sintáticas correntes no Brasil cujo uso ainda era vetado em Portugal. Vejamos o que diz Lessa (1976).

> [...] sustentamos que, com os modernistas, o Português do Brasil intenta atingir uma certa emancipação, sobretudo no que concerne a peculiaridades sintáticas, desassombradamente, corajosamente com uma coragem e um desassombro com que jamais se houve em épocas passadas. (1976: 27)

CONTÍNUOS LINGUÍSTICOS

Nos capítulos na sequência, serão abordados alguns conceitos relevantes para a compreensão da língua portuguesa como língua oficial no Brasil, tais como vernáculos rurais, língua urbana, língua literária e língua oficial.

Tenho afirmado que esses conceitos não devem ser discutidos isoladamente, em virtude de sua relativa permeabilidade e fluidez. Alternativamente, tenho usado a metáfora de um "contínuo horizontal" em que essas variedades se distribuem sem fronteiras definidas (cf. Bortoni-Ricardo, 1985, 2014). A variação ao longo desse contínuo vai depender de fatores diversos, tais como a mobilidade geográfica, o grau e a qualidade de instrução, a exposição aos meios de comunicação de massa, bem como de outras agências implementadoras da língua urbana culta, além do gênero, grupo etário e mercado de trabalho do falante. Esse contínuo representa a variação diatópica (rural *vs.* urbana); a ele, por razões didáticas, devo acrescentar dois outros, a saber: um primeiro, que dá conta das variações funcionais, estilísticas, e um segundo (que só recentemente incluí na metodologia), que dá conta do acesso que o indivíduo tem à internet. Em suma, estou propondo que qualquer descrição do português falado no Brasil considere como recursos metodológicos a existência de três *continua:* de urbanização, de formalidade e de acesso à internet e uso de suas ferramentas (Bortoni-Ricardo, 2014).

A escolha de determinado grau de formalidade na fala depende basicamente do papel social que o falante desempenha em cada ato de interação verbal (Bortoni-Ricardo, 2014). Segundo Southall (1973: 75), o papel social desempenhado por um indivíduo envolve um conjunto de direitos e deveres.

A amplitude e a fluidez da gama de papéis sociais à disposição do indivíduo variam muito de uma sociedade para outra, mas a literatura da área mostra que, quanto mais adiantada e igualitária uma sociedade, melhor a distribuição dos recursos que o falante usa para implementar seus papéis sociais. Em sociedades mais igualitárias, a língua padrão é, geralmente, associada a circunstâncias da interação verbal, particularmente ao tema da discussão. Dizemos que se trata de uma língua padrão associada ao uso e que todos os falantes têm acesso a ela. Convém nos lembrarmos de que, em sociedades com menos democracia socioeconômica, a língua padrão costuma ser associada a classe ou grupo social. Ou seja, é apanágio de determinado grupo ou grupos.

No Brasil, embora haja razoável fluidez na mudança de estilos, temos de constatar que essa variedade padrão não é associada somente ao uso, mas é principalmente associada a classe social, pois muitos falantes têm dificuldade de usá-la de forma descontraída e confiante. Existe mesmo uma crença, sem fundamentação empírica, de que o português seja a "língua mais difícil do mundo", como já vimos. O acesso e o trato com a língua padrão no Brasil dependem muito do nível de escolaridade e também da qualidade dessa escolaridade. É na escola que os brasileiros aprendem a variar os estilos, desde os mais comuns até os mais refinados e prestigiados.

O Brasil é a maior nação de língua oficial portuguesa. Em cada quatro falantes de português no mundo, três são brasileiros. O português é também a principal língua nos chamados países lusófonos da CPLP (Comunidade de Países de Língua Portuguesa), formada, como já vimos na introdução deste livro, por Portugal, Brasil, Angola, Cabo Verde, Guiné-Bissau, Guiné Equatorial, Moçambique, São Tomé e Príncipe e Timor-Leste. Na maioria desses países, o português convive com outras línguas, como podemos ver no quadro a seguir:

Quadro 1 – Principais línguas usadas na CPLP

Países	Línguas
Portugal	Português e mirandês.
Brasil	Português e 180 línguas minoritárias aborígines.
Angola	Português, umbundo, quimbundo, quicongo, tshócue, ganguela, cuanhama e dezenas de outras línguas africanas.
Cabo Verde	Português e crioulo cabo-verdiano.
Guiné-Bissau	Português, crioulo da Guiné-Bissau e outras línguas africanas.
Guiné Equatorial	Espanhol, francês, português e línguas africanas.
Moçambique	Português e dezenas de línguas de origem banto.
São Tomé e Príncipe	Português, crioulos portugueses como forro, angolar, principense e crioulo cabo-verdiano.
Timor-Leste	Tétum, português, ataurense, aiqueno, becais, búnaque, cauaimina, fataluco, galóli, habo, idalaca, lovaia, macalero, macassai, mambai, quémaque e tocodede.

Fonte: Wikipédia (2019).

Essa descrição só contempla línguas que são a primeira língua efetivamente usada por uma parcela de indivíduos, ou seja, são línguas naturais para alguma parcela desse grupo.

Línguas transplantadas, quase sempre no processo de colonização, costumam manter-se mais tradicionais que a língua de origem. É o que acontece com o português brasileiro em relação ao português de Portugal. Em 1920, Amadeu Amaral forneceu uma primeira descrição de um vernáculo rural em seu livro *O dialeto caipira*. Nessa variedade são encontradiços muitos termos arcaicos do português.

A população brasileira

O Brasil tem uma população de cerca de 211,9 milhões de habitantes (IBGE, 2020), distribuída de forma bastante irregular em seu território de 8.510.295,914 km² (IBGE, 2020). A densidade demográfica é de 24,9 habitantes por quilômetro quadrado e a língua portuguesa é amplamente majoritária. Ocorrências de bilinguismo são restritas às nações aborígines remanescentes que sobreviveram ao etnocídio que ocorreu no processo histórico de ocupação da terra. Segundo o Censo IBGE 2010, os mais de 305 povos indígenas somam 817.963 pessoas. Dessas, 315.180 vivem em cidades e 502.783 em áreas rurais, e o total corresponde aproximadamente a 0,38% da população do país.

Entre os indígenas que vivem em contato com a população majoritária, verificam-se diferentes graus de aculturação. Seu repertório linguístico varia do monolinguismo, na língua de sua etnia, que marca uma pequena parcela de seus membros mais idosos, a um bilinguismo instável, que tende a favorecer o português. Em situações dessa natureza, uma variedade pode, com o tempo, deslocar a outra (cf. Fishman, 1972b: 102), e foi o que aconteceu no Brasil Colônia em que o português acabou por sobrepor-se à língua geral.

A situação dos falantes da língua terena no Brasil ilustra bem esse fato. Há cerca de 24.776 índios terenas (Brasil/Funasa, 2009), que vivem em sua maioria no Mato Grosso do Sul (cf. Cardoso de Oliveira, 1968).

Em Bortoni-Ricardo (2005: 66 ss), descrevi a experiência de um estudo-piloto sobre o bilinguismo em uma reserva terena realizado no início da década de 1980. Ao longo de dois séculos de contato com a população regional, muitos terenas tornaram-se bilíngues. O episódio seguinte transcorreu entre a pesquisadora (P) e uma jovem terena, Damilda (D), na escola da aldeia em Miranda/Mato Grosso do Sul, com a intervenção também da professora (Pr) da escola.

1. (P) E lá (na igreja) cês aprendem os hinos e aprendem em idioma?
2. (D) É.
3. (P) E a reza também é em idioma?
4. (D) Não.
5. (P) A reza é em português?
6. (D) É em português.
7. (Pr) A oração que você fala.
8. (D) É em idioma.
9. (P) Ah, a oração é em idioma. Cês sabem rezar em idioma?
10. (Pr) Orar, orar.
11. (P) Orar?
12. (D) Orá no idioma nóis sabe.
13. (P) Então ora pra gente aqui um pouquinho.
14. (P) Ah! Bonito. Você sabe essa, essa oração também em português?
15. (D) Português?

16. (P) Essa mesma. Essa é qual?
17. (D) Sei. Essa mesma também eu sei.
18. (P) Como é que é em português?
19. (D) É assim.
20. (D) Meu Pai, eu peço pro senhor ajudari nós e todos cada dias.
21. (D) Como que nós tamo comemoranu o dias dos pai nessa hora.
22. (D) Se os pai cada um de nós o Senhor possa dirigi cada um das pessoa.
23. (D) Isso que estou pedino, em nome do seu filho Jesus. Amém.

Observa-se que houve nos turnos 3 a 18 uma negociação visando à compreensão no diálogo com a intervenção oportuna da professora. Nessa comunidade há uma missão religiosa católica e uma evangélica. A menina pertence a essa última, na qual se usa o verbo "orar", e não o verbo "rezar" empregado pela pesquisadora. Observa-se ainda que a jovem indígena não tem um domínio da língua portuguesa como língua materna.

Quanto aos imigrantes que vieram para o Brasil estabelecendo-se principalmente nas regiões Sudeste e Sul, tenderam à assimilação do português no período de uma ou duas gerações (cf. Gorski e Coelho (orgs.), 2006; Cavalcanti e Bortoni-Ricardo (orgs.), 2002).

A urbanização do Brasil foi tardia e desordenada. Nos países do Primeiro Mundo, em que a Revolução Industrial teve início no século XVIII, a urbanização foi precedida pela industrialização, e há uma relação de causa e efeito entre industrialização e urbanização. No Brasil, assim como em outros países periféricos, isso não aconteceu. Até início do século XX, o Brasil foi considerado um país rural, como afirmam importantes pesquisadores que trabalharam com as raízes de nosso país: Antônio Cândido, *Os parceiros do Rio Bonito* (1964); Sérgio Buarque de Holanda, *Raízes do Brasil* (1936), em especial o capítulo "Herança rural"; Darcy Ribeiro, *O povo brasileiro* (1995), em especial a seção "O Brasil Caipira"; Ruben Oliven, *Urbanização e mudança social no Brasil* (1982), entre outros.

Nos países da América Latina, o segmento populacional que cresce mais rapidamente é constituído pelo campesinato e pelos migrantes de origem rural que buscam nas cidades melhores condições de vida e ali permanecem, em grande parte, à margem do sistema de produção. (cf. Bortoni-Ricardo, 2011, 2014). No Brasil, o processo migratório campo-cidade começou a acentuar-se a partir do segundo quartel do século XX, conforme nos mostra a Tabela 4.

Tabela 4 – População urbana no Brasil

Ano	População total	% População urbana
1890	14.333.915	6,8%
1920	30.635.605	10,7%
1940	41.236.315	31,29%
1950	51.944.397	36,16%
1980	120.000.000	67,60%
1991	157.000.000	78,35%
2000	168.370.893	81,37%

Fonte: IBGE (2000).

O censo do IBGE de 2000 mostrou que a população rural do Brasil caiu, em 35 anos, de 50% para 19%.

O professor José Eli da Veiga, da USP, em seu livro *Cidades imaginárias* (2002), contesta, todavia, esses dados, porque decorrem, segundo ele, de um equívoco na metodologia censitária. Segundo um decreto do Estado Novo, de 1938, toda sede de município ou distrito, independentemente do tamanho ou das características produtivas de sua população, é considerada área urbana. Ele cita parâmetros da OCDE (Organização de Cooperação e Desenvolvimento Econômico) segundo os quais uma área, para ser considerada urbana, tem de apresentar uma densidade demográfica de 150 habitantes/km^2 e uma população nunca menor que 50 mil habitantes. Se aplicados esses parâmetros ao caso brasileiro, os 5.507 municípios considerados urbanos decresceriam para 411.

Seria adequado também levar em conta o critério de "rurbanidade", que estou usando neste livro para definir populações rurais com razoável integração à cultura urbana e populações urbanas com razoável preservação de seus antecedentes rurais.

Uma metodologia alternativa ou complementar, na análise de comunidades rurais ou urbanas, é o paradigma de redes sociais. Para uma análise detalhada desse paradigma aplicado à realidade brasileira, sugerimos Bortoni-Ricardo (2005, 2014).

Nas sociedades rurais e "rurbanas", nas quais "todo mundo conhece todo mundo", há uma forte pressão normativa para a uniformização dos comportamentos. Já nas sociedades urbanas essa pressão se dilui e os indivíduos tendem a uma maior heterogeneidade em seus modos de pensar e agir. Com relação ao repertório linguístico, podemos afirmar que a pressão normativa favorece a preservação dos falares tradicionais da comunidade. No caso brasileiro, considerando a tendência à migração rural-urbana, quanto menor a pressão normativa, maior a tendência à assimilação dos valores urbanos e heterogêneos.

Apoiando-se em estudos antropológicos, Milroy (1980) demonstrou em três comunidades proletárias em Belfast, Irlanda do Norte, que as redes densas ali encontradas funcionavam como um mecanismo de reforço de valores linguísticos e culturais locais, isolando os seus membros da influência da cultura dominante.

Em Bortoni-Ricardo (1985, 2014) demonstrei que no Brasil, em comunidades com menor pressão normativa, a assimilação a valores próprios da cultura urbana é mais viável. Assim, comunidades que preservam valores, crenças e comportamentos rurais estão menos abertas à influência urbanizadora. Essa pressão normativa a que nos referimos, aferida com uma metodologia de redes sociais que veremos a seguir, pode ser empregada para definir com mais precisão sociedades rurais, "rurbanas" ou urbanas. O quadro seguinte apresenta os principais conceitos que são produtivos na identificação de comunidades rurais e urbanas.

Quadro 2 – Tipos de redes e a transição rural-urbana

Tipos de redes	Critérios Analíticos			Características do repertório verbal
	Pressão normativa	Densidade de papéis sociais	Grupo de referência	
Redes insuladas	Alto grau de consenso no grupo: resistência à mudança.	Baixa densidade de papéis sociais: interação com um número limitado de pessoas.	Grupo pré-migratório ou familiar como grupo de referência.	Focalização dialetal: acesso limitado ao código de prestígio.
Redes integradas	Maior exposição a influências externas.	Densidade mais alta de papéis sociais: interação com pessoas de *background* social e geográfico mais variado em diversos contextos sociais.	Identificação com grupo de maior prestígio.	Difusão dialetal: maior flexibilidade com relação ao controle do código e modos de falar de maior prestígio.

Fonte: Bortoni-Ricardo (2005: 98).

O conceito-chave é o de "rede social", que pode ser definido, para cada indivíduo, como o conjunto de pessoas com quem esse indivíduo interage em primeiro grau ou em segundo ou terceiro grau, isso é, incluindo as redes sociais de seus contatos. De acordo com minha pesquisa anterior (Bortoni-Ricardo, 2005: 93), em sentido amplo, a análise de redes sociais é o estudo das relações que existem em um dado sistema. Quando se trata de sistemas sociais, a análise de redes é uma estratégia estrutural, aplicada ao estudo das relações entre os indivíduos do grupo e usada principalmente na Psicologia e na Antropologia Social. O linguista Leonard Bloomfield, nas primeiras décadas do século XX, já reconhecia que os padrões e a densidade da comunicação humana devem ser considerados como um fator entre o uso da língua e as características socioecológicas da comunidade. Cabe mencionar aqui também os conceitos de difusão e focalização dialetais, propostos por Le Page (1980).

O primeiro resulta da mobilidade física e social dos falantes e é mais encontrado em área de contato dialetal ou linguístico. Já a focalização ocorre em comunidades estabelecidas há muito tempo.

Segundo esse autor, todo ato de fala é um ato de identidade, mas o uso desse recurso é limitado por quatro condições:

1. A capacidade do falante de identificar o grupo modelo ou de referência.
2. O acesso às regras sociolinguísticas desse grupo.
3. O peso de motivações conflitantes.
4. A habilidade de modificar seu próprio comportamento (cf. Bortoni-Ricardo, 2005: 176).

Os estudos de redes sociais na Antropologia começaram com Barnes em 1954. Seu foco principal é o conteúdo normativo das relações "decorrente das expectativas que os indivíduos mantêm uns em relação aos outros de acordo com as suas características sociais e atributos". Mitchell (1973) fornece um quadro detalhado dessa tradição na Antropologia. Milroy (1980, cap. 3) e Bortoni-Ricardo (1985, cap. 4) valem-se desse paradigma avançado por Mitchell e outros para examinar a pressão normativa que favorece a preservação ou a mudança nas línguas.

Esses conceitos foram desenvolvidos em meu trabalho de 1983: *Urbanization of Rural Dialect Speakers: a Sociolinguistic study* (ver Bortoni-Ricardo, 2011, 2014). A metodologia trabalhou a caracterização das redes sociais de um grupo nuclear de uma amostra composta por 16 homens e 17 mulheres. Foi elaborado um índice de integração do indivíduo no grupo e um índice de urbanização. A integração é simplesmente o número relativo de amigos que cada informante tinha na comunidade. Para tanto, na entrevista era colocada a pergunta: "quem são as três pessoas com quem você mais conversa fora de sua casa?". O cálculo do índice de integração foi feito por meio do programa de computador *The Network Routine*, de autoria de Guimarães (1972). O índice de urbanização foi calculado fazendo-se a média dos escores de todos os membros da rede social do indivíduo, identificada pelo *The Network Routine,* nas sete variáveis seguintes, consideradas bons indicadores da transição rural-urbana:

1. Grau de escolaridade.
2. Categoria de trabalho.
3. Mobilidade espacial.
4. Participação em eventos urbanos.
5. Exposição à mídia.
6. Informação política.
7. O ambiente em que o vínculo de amizade foi contraído (cf. Bortoni-Ricardo, 1985).

Com os resultados do *The Network Routine* para a rede social de cada indivíduo foram identificados dois tipos de redes: insuladas e integradas. Na primeira há um alto grau de consenso no grupo, que resulta na resistência à mudança. Também se verifica uma baixa densidade de papéis sociais, pois o indivíduo interage com um número limitado de pessoas. Esses indivíduos elegem como grupo de referência o grupo pré-migratório, principalmente o familiar. Dessas condições resulta que há uma focalização dialetal e um limitado acesso ao código de prestígio.

Já os indivíduos que têm redes consideradas integradas estão mais expostos a influências externas, convivem com número maior de pessoas e, portanto, exercem mais papéis sociais. Seu *background* social e geográfico é mais variado e se identifica com grupos de maior prestígio social. As consequências linguísticas são a difusão dialetal: maior flexibilidade em relação à língua padrão e aos modos de falar de mais prestígio. Como se pode ver, todos esses conceitos estão resumidos no Quadro 2.

COMUNIDADE DE FALA BRASILEIRA

A caracterização da população nacional de acordo com a categoria ampla e de larga escala, comunidade de fala, traz alguns problemas extras além daqueles inerentes ao próprio conceito, pois a comunidade de fala brasileira apresenta traços de sociedades tradicionais estratificadas, bem como de sociedades modernas orientadas para a meritocracia pessoal (Bortoni-Ricardo, 2005, cap. 2), (cf. Fishman, 1972b).

Contínuos dialetais

Como geralmente ocorre, nas sociedades tradicionais com repertório amplo e diversificado, as variedades do português brasileiro poderiam, para fins analíticos, ser dispostas ao longo de quatro contínuos dialetais, que já foram anteriormente apresentados.

O primeiro é um contínuo de urbanização e se estende desde os vernáculos rurais isolados em um extremo até a variedade urbana padrão das classes de mais prestígio, no outro extremo. Ao longo do processo sócio-histórico, a variedade urbana de prestígio foi sofrendo a influência de codificação linguística, tais como a definição do padrão correto de escrita, também chamado "ortografia", do padrão correto de pronúncia, também chamado de "ortoépia", e da elaboração de dicionários e gramáticas. A palavra *ortografia* é formada por radicais de origem grega: "*orthos*", que significa "correto", "padrão", e "*grafia*", que significa escrita. A palavra *ortoépia* (ou ortoepia) é também formada pelo radical "*orthos*" e por "*épos*", que significa "palavra": palavra dita corretamente.

Enquanto os falares rurais ficaram muito isolados pelas dificuldades geográficas de acesso, as comunidades urbanas sofreram influências de agências padronizadoras da língua, como a imprensa, as obras literárias e principalmente a escola. Nas cidades também se desenvolveu o comércio e depois a indústria. Ali se instalavam as repartições públicas, civis e militares, as organizações religiosas e outras instituições sociais que são depositárias e implementadoras de culturas de letramento (Bortoni-Ricardo, 2014).

Nesse contínuo, adjacentes aos vernáculos altamente estigmatizados, encontram-se variedades não padrão que podem ser denominadas "rurbanas". Essas variedades são usadas por falantes das classes mais baixas, não alfabetizadas, ou semialfabetizadas, que vivem na periferia das áreas urbanas e que, na maioria dos casos, têm antecedentes rurais, e também pela população que vive em áreas rurais onde já se deu a introdução de tecnologia. O critério de estratificação social, portanto, sobrepõe-se parcialmente ao de antecedente rural ou urbano na explicação da variação linguística, pois a maior parte do estrato social mais baixo constitui-se do campesinato e dos migrantes rurais. Fazendo uso do termo proposto por Walt Wolfram e Ralph Fasold (1974: 79), podemos dizer que as variantes estigmatizadas dessas variáveis são itens de diagnóstico social. Esses autores usam os termos "estratificação descontínua/abrupta" (*sharp*) e "gradual" (*gradient*) de uma forma similar aos termos *sharp* e *fine* cunhados por Labov (1972b).

Os traços graduais não padrão do português do Brasil ocorrem na fala de todos os grupos sociais, em graus variados, independentemente de seus antecedentes rurais ou urbanos, considerando os dialetos sociais dispostos no contínuo, que vão das variedades caipiras extremamente isoladas ao padrão urbano. No vernáculo da população rural isolada e não alfabetizada, alguns desses traços são quase categóricos, enquanto no padrão urbano eles são marcadores estilísticos encontrados principalmente nos registros coloquiais.

Os traços não padrão abruptos ou descontínuos, por outro lado, sofrem forte estigmatização, decorrente das normas de prestígio vigentes, e caracterizam variedades caipiras, comparativamente à norma-padrão urbana. De fato, caracterizam uma distinção descontínua entre fala urbana e rural.

Contudo a classificação das regras variáveis como descontínuas ou graduais não é tarefa fácil, considerando a existência do que estamos chamando de "variedades rurbanas", isso é, a língua falada em áreas metropolitanas por grupos sociais não alfabetizados, de antecedentes rurais, ou em áreas rurais expostas a influências modernizadoras (cf. Bortoni-Ricardo et al., 2010).

Ao longo do segundo contínuo, estendem-se eventos de oralidade em uma extremidade e eventos de letramento na outra. Como no caso do contínuo anterior, não existem fronteiras bem marcadas entre eles. Essas fronteiras são fluidas e há muitas sobreposições. Um evento de oralidade pode incluir minieventos de letramento ou vice-versa.

Para fazermos distinção entre eventos de letramento e oralidade, vamos lembrar que nos primeiros os interagentes se apoiam em um texto escrito, que funciona como uma pauta de uma partitura musical. Esse texto pode estar presente no momento da interação ou pode ter sido estudado ou lido anteriormente. Por exemplo, em um ofício religioso, o líder, padre, rabino ou pastor, ao proferir seu sermão, pode estar realizando um evento de letramento, seja porque tem diante de si o roteiro escrito da fala, seja porque preparou previamente esse roteiro, introduzindo passagens bíblicas ou outros textos da tradição escrita.

O terceiro contínuo é o de monitoração estilística. Nesse contínuo vamos situar desde as interações totalmente espontâneas até aquelas que são previamente planejadas e que exigem muita atenção do falante. Nós nos engajamos em estilos monitorados quando a situação assim exige. Por exemplo, quando nosso interlocutor é poderoso ou tem ascendência sobre nós, quando precisamos causar uma boa impressão ou ainda quando o assunto requer um tratamento muito cerimonioso. De modo geral, os fatores que nos levam a monitorar o estilo são: o ambiente, o interlocutor e o tópico da conversa. Estilos mais informais ou mais formais podem ser definidos em função do grau de atenção que o falante presta ao seu ato de fala. Quanto maior essa atenção, mais formal o seu estilo.

Observe-se que, com o mesmo interlocutor, o estilo poderá tornar-se mais ou menos monitorado em função do alinhamento, ou *footing*, que assumimos quanto ao tópico ou o próprio interlocutor. Para passar de uma conversa séria para uma brincadeira, por exemplo, podemos mudar nosso estilo e passamos metamensagens ou pistas verbais ou não verbais para indicar, por exemplo, "isso é uma brincadeira"; "estou falando sério"; "estou ralhando com você". A variação ao longo do contínuo de monitoração pode situar a interação dentro de uma moldura ou enquadre. São exemplos de enquadres: brincadeira; declaração de amor; queixa; admoestação; explicação; crítica; pedido de ajuda etc., como já discuti em textos anteriores.

A esses três contínuos, vou acrescentar um quarto referente ao grau de acesso do falante ao meio digital, mais propriamente à internet. Esse acesso está relacionado à zona de residência do falante, ao seu grau de alfabetização e aos recursos de que os falantes dispõem para o uso de equipamento digital.

As pessoas conversam

No mundo em que vivemos, somente a espécie humana desenvolveu a capacidade da linguagem, e podemos considerá-la a principal distinção entre nós, seres humanos, e outras espécies animais. Na vida do indivíduo, a linguagem começa a desenvolver-se no primeiro ano, mas é preciso observar que, além de aprender a falar, as pessoas também aprendem a conversar. O domínio da linguagem é denominado "competência linguística". Já o domínio da conversação é chamado de "competência comunicativa".

A forma como os humanos entabulam uma conversa tem sido objeto de estudo de cientistas, particularmente daqueles voltados para a análise da conversação. Esses estudiosos levam em conta a cultura da comunidade a que pertence o indivíduo.

Para comunicar-se de modo aceitável na comunidade, uma pessoa tem de conhecer as regras ali vigentes e partilhar das mesmas crenças que seus semelhantes. Em se tratando da comunicação, podemos dizer que o membro dessa comunidade tem de aprender o que dizer e como dizê-lo adequadamente em quaisquer circunstâncias, segundo Goodenough (1964).

Muitos especialistas desde a Antiguidade estudaram o fenômeno da linguagem, mas foi no século XX que os estudos de Linguística avançaram. Interessa particularmente aos sociolinguistas o processo de comunicação. Neste capítulo, vamo-nos restringir a comentar o que o linguista inglês Paul Grice (★1913-†1988) postulou sobre o processamento da conversa entre as pessoas (Grice, 1975). Segundo ele, os participantes de uma conversa se apoiam no contexto linguístico e social para proferir suas frases e levam em conta o conhecimento prévio comum que os participantes partilham. Grice resumiu isso em um "princípio de cooperação" entre falantes e ouvintes, os quais se valem de algumas regras básicas, ou máximas. Vamos rapidamente comentar essas máximas.

Paul Grice denominou a primeira de "Quantidade", isto é, o falante tem de ser suficientemente informativo, desprezando informações supérfluas e atendo-se ao que é exigido naquele momento da conversa. A segunda, ele chamou de "Qualidade" e consiste no compromisso de não falar o que a pessoa julga não ser verdade. A terceira regra foi chamada por ele de máxima da "Relação", a qual determina o compromisso de ser relevante.

Pessoas mentalmente sãs, quando conversam, fornecem contribuições que têm relevância ao tema em questão. Não se espera que tragam uma contribuição dissociada do assunto em pauta. É comum que falantes façam uso de um "prefácio", como "e por falar nisso", "isso me faz lembrar...", para mostrar a relevância entre o que foi dito e o que ele ou ela vai dizer.

A última máxima, de "Maneira", compreende os seguintes compromissos:

a. Seja claro.
b. Evite obscuridade.
c. Evite ambiguidade.
d. Seja breve.
e. Seja ordenado.

Esses preceitos, contudo, são facilmente transgredidos, pois as pessoas muitas vezes são prolixas, escondem informações e usam linguagem obscura e ambígua. Além disso, essas máximas também podem variar de uma cultura para outra. Há culturas nas quais a submáxima "seja breve" é rigorosa. Na nossa própria cultura há contextos em que essa máxima de brevidade é mais rigorosa que em outros. Em uma conversa pessoal, entre duas pessoas íntimas, ela não precisa ser respeitada de forma tão rígida, mas em um tribunal de júri, por exemplo, o juiz poderá insistir que um depoente seja breve e vá direto ao ponto, não se permitindo divagações.

A menção às máximas propostas por Paul Grice (1975) nos leva também a observar que o principal traço da competência pragmática – "seja claro" – expresso nessas máximas às vezes conflita com outra máxima para a qual a pesquisadora Robin Lakoff (1973) chama a atenção: "seja polido". Muitas vezes alongamos uma ideia, enfatizamos ou repetimos componentes dessa ideia em benefício da polidez. Essa foi uma importante contribuição da autora para os estudos da linguagem.

É bom observar que as máximas griceanas não são como mandamentos religiosos que têm de ser obedecidos, nem como leis constitucionais cuja obediência é de rigor. Grice estava apenas mostrando como a conversa é, naturalmente, um comportamento racional que as pessoas adquirem à medida que amadurecem e se tornam membros competentes de uma comunidade de fala. Quando uma criança está aprendendo a falar, está igualmente aprendendo a usar a linguagem de forma cooperativa em conversas.

Variação linguística: um recurso à disposição dos falantes

Por que as pessoas de um mesmo país ou de uma mesma região não falam todas da mesma maneira? E por que uma mesma pessoa muda a forma de falar em diversas situações? Essas perguntas, nas últimas décadas, tornaram-se centrais na preocupação de pesquisadores sociais que começaram a dar-se conta da variação linguística interindividual – isto é, entre indivíduos e grupos – e intraindividual – no repertório de um mesmo indivíduo.

Perceberam também que o linguista britânico Michael Halliday (★1925-†2018) estava certo quando afirmou que "aquilo que fazemos é reflexo do que somos" (Halliday, 1978b).

Outro pesquisador que trouxe importante contribuição a esse tema foi o canadense Erving Goffman (★1922-†1982), quando propôs o conceito de "footing" (2002), isto é, o alinhamento que assumimos em relação a nós mesmos e às outras pessoas presentes no momento da enunciação. Por exemplo, o falante, às vezes até inconscientemente, pensa: quem sou eu para falar assim, neste momento? Quem é o meu interlocutor? Tenho de demonstrar carinho? Tenho de impor a minha vontade? Desejo ofendê-lo? Desejo provocar uma determinada reação?

A esse propósito temos de falar também do neozelandês Allan Bell, que se referiu à acomodação do falante ao seu ouvinte (Bell, 1984). Muitos autores apoiam-se em Allan Bell para descrever os diferentes estilos ou registros que compõem o repertório de uma pessoa.

Convém, a essa altura, lembrarmos que um critério muito relevante na decisão para o *footing* que o falante vai assumir é a distinção entre comunicação focalizada e não focalizada. Já em 1963, Erving Goffman chamou a atenção para essa dicotomia. O primeiro tipo de comunicação segue regras mais rigorosas quanto ao direito da palavra, ao revezamento, à escolha do tópico etc., e geralmente é usado na comunicação verbal para a solução de problemas, quando os falantes desejam alcançar um objetivo definido. Na comunicação não focalizada há mais flexibilidade quanto a essas regras. A tradição gramatical começou por olhar toda essa questão de variação linguística como um problema (uma deficiência da língua), mas a evolução dos estudos mostrou que a variação, ou heterogeneidade linguística, é inerente a toda língua natural e se constitui um recurso expressional. Língua natural é aquela naturalmente adquirida na infância como resultado do convívio com falantes (a começar pelos pais) que a têm em seu repertório como a única língua ou como uma das línguas usadas na sua comunidade. O falante faz uso da variação para ampliar a eficácia de suas contribuições em uma conversa ou em um discurso individual e, principalmente, para marcar sua identidade ("Eu falo assim porque sou da região X; da cidade Y etc."). A variação também é usada para mostrar deferência ou rigor em determinada situação ("Estou falando assim porque você merece o meu respeito e cerimônia"; "Estou falando assim para que todos percebam que essa é uma situação especial").

Como já restou demonstrado em muitos estudos da linguagem humana ao longo do século XX, nosso comportamento linguístico sofre permanentes e concorrentes influências, dependendo da identidade social dos falantes, como acabamos de ver. A identidade social por sua vez é marcada por gênero, idade e antecedente regional do falante, além de sua contribuição ao sistema de produção e de seu pertencimento a grupo ocupacional, religioso, vicinal etc., às vezes antagônicos entre si. Tal complexa gama de influência reflete-se na forma como o indivíduo fala.

Um conceito muito relevante nesse aspecto é o de "grupo de referência", isto é, aquelas pessoas com as quais o falante tem intenção de assemelhar-se, ou com as quais ele deseja ser associado.

Ao falar nisso, temos de observar, todavia, que, na tarefa de aproximação a um grupo de referência, o falante tem de ser, em primeiro lugar, capaz de identificar esse grupo, bem como de ter acesso a suas regras sociolinguísticas. Terá também de resolver motivações conflitantes (por exemplo, pertencer a uma classe social, e não a outra) e de aprender novos modos de falar. A facilidade dessa aquisição diminui com a idade. Crianças facilmente adquirem um sotaque, por exemplo, quando se mudam de uma região para outra no interior de uma mesma comunidade linguística, ou uma nova língua em ambientes bilíngues e multilíngues, muito mais rapidamente que seus pais ou parentes mais velhos.

Cientistas que têm se voltado para as múltiplas dimensões da identidade social e *status quo* e também para os variados papéis sociais pelos quais os falantes transitam fazem uma distinção entre dimensões ou fatores de cunho sociodemográfico e aqueles referentes à produção do discurso. Os primeiros são de natureza identitária enquanto os últimos são de natureza funcional.

A população do Brasil contemporâneo, como vimos, é de cerca de 211,9 milhões de habitantes, de acordo com dados do ano de 2020 do IBGE. A maioria dos países com grande população ou território é bilíngue ou multilíngue. Por exemplo, no Canadá fala-se francês e inglês e, na Austrália, fala-se inglês e muitas línguas nativas. Nesse aspecto, o Brasil é uma exceção, assim como Estados Unidos da América, pois temos uma língua majoritária, o português, que é falado por quase toda a população, inclusive pela população indígena que, mesmo conservando sua língua natal em diversos graus, aprende e usa o português.

Redes sociais

A transição histórica de comunidades rurais para comunidades urbanas, que, na Europa, deu-se a partir do final da Idade Média e já estava adiantada no século XVII, consolidou-se no século XIX como resultado da Revolução Industrial. No Brasil, a urbanização é muito mais recente, em contraste com o que aconteceu na Europa, e não foi necessariamente precedida pela industrialização. Nosso país só recentemente emergiu de uma economia predominantemente agrária, que é marcada por sérios desequilíbrios regionais e uma perversa e persistente concentração de renda (cf. Bortoni-Ricardo, 2014). Esses fenômenos são comumente denominados de "camponização" (*peasantization*) das cidades e urbanização de vilas rurais (*urbanization of villages*).

Entender como a urbanização se processa e como os habitantes do campo se transformam em moradores da cidade e trabalhadores industriais é uma preocupação central desde o início do século XX, mas o estudo paralelo das mudanças linguísticas resultantes desses movimentos não parece ter merecido suficiente atenção dos linguistas na mesma proporção. Os dialetólogos tradicionais encaravam a relação urbano-rural "lamentando" a destruição dos falares rurais pela cidade. A linguística, por sua vez, concentrou os estudos desse tema em sociedades bilíngues e multilíngues na Europa (cf. Gumperz, 1972).

As pesquisas dos principais fenômenos linguísticos relacionados ao processo de urbanização dão-se no âmbito dos estudos de manutenção e mudança de línguas em sociedades bilíngues ou multilíngues. Três linguistas são especialmente importantes nesse estudo, a saber, Labov (1972a), Haugen (1956) e Weinreich (1953).

Os estudos internacionais sobre o tema são encontrados em três vertentes da pesquisa sociológica: sociedades multilíngues ou multidialetais; comunidades crioulas ou pós-crioulas (ver capítulo "Português é a língua mais difícil que tem") e variedades não padrão em países desenvolvidos, nos quais o letramento é praticamente universal. Nenhuma delas se aplica inteiramente à situação brasileira. O Brasil é um dos poucos países no mundo que têm grande extensão territorial e grande população, mas uma única língua predominante, com número de falantes das muitas outras línguas (mais de uma centena) reduzido. No Relatório de Atividades do Grupo de Trabalho da Diversidade Linguística do Brasil (IPHAN, 2006-2007) aprendemos que no Brasil são falados cerca de 200 idiomas, 180 autóctones (das nações indígenas), 30 línguas nas comunidades de imigrantes e 2 línguas de sinais (cf. Rodrigues, 1986).

Quanto às diferenças dialetais na sociedade brasileira, ainda que impliquem problemas de comunicação transcultural, não criam situações de total ininteligibilidade como em alguns países.

No que diz respeito à tradição sociolinguística de estudos dialetais em sociedades industriais, são necessárias também algumas revisões para que essa tradição possa ser aplicada à situação brasileira. Como ensinou Gumperz em 1980, o método de correlacionar variáveis linguísticas com grupos sociais, que está na matriz dos estudos sociolinguísticos, começa com um pressuposto de que esses grupos sociais sejam identificáveis e reconhecidos. Em países em desenvolvimento, predominantemente agrários até a Segunda Guerra Mundial, como o Brasil, a identificação efetiva de classes sociais na sociedade como um todo resulta em tarefa muito difícil. Além disso, a manutenção de variedades não padrão em sociedades industriais do primeiro mundo está diretamente relacionada ao crescimento da conscientização dos grupos minoritários (Ryan, 1979), fenômeno que parece não ter atingido a mesma relevância na sociedade brasileira contemporânea. Finalmente, tratar a variação do português brasileiro como um contínuo pós-crioulo tampouco é adequado. A grande distância entre a chamada língua padrão, ensinada nas escolas, e as variedades regionais-rurais pode possivelmente ser explicada pela influência de uma língua *pidginizada* nos últimos séculos da colonização, como vimos. Se essa hipótese estiver correta, deve-se considerar que esse *pidgin* sofreu um processo relativamente rápido de descrioulização, pois não há *pidgins* nem crioulos de base portuguesa no Brasil, como existem em outras colônias portuguesas e europeias em geral. A vigência de variedades pidginizadas no Brasil Colônia tem merecido alentadas discussões, entre as quais citamos: Lucchesi (1994), Naro e Sherre (1993), Mattos e Silva (2004 e 1998) e, finalmente, Guy (1981).

A transformação de falares rurais em variedades urbanas de pouco prestígio, a que temos nos referido como "urbanização de dialetos rurais", está no âmago dos processos de mudança linguística e padronização da língua no Brasil (cf. Bortoni-Ricardo, 2014) e deve ser pesquisada levando-se em conta certas características sócio-históricas brasileiras a partir do século XX, como a migração de massas populacionais do campo para a cidade, a introdução da tecnologia e dos valores urbanos em áreas rurais e um alto nível de movimentação populacional inter-regional que tem marcado o Brasil como um país com sérios desequilíbrios regionais e uma perversa concentração de renda. De fato, a classe camponesa e os migrantes rurais formam o segmento populacional com mais rápido crescimento na América Latina. Alguns cientistas sociais consideram esses segmentos uma população marginal pelo fato de que lhes falta articulação formal ou inserção no processo industrial urbano de produção (cf. Lomnitz, 1977).

Os migrantes rurais que se estabeleceram na periferia dos grandes centros urbanos e nas cidades de pequeno porte são semiletrados e falam variedades rurais e regionais do português, que exibem surpreendentemente um alto grau de homogeneidade entre si.

Quando comecei a examinar os efeitos da transição do rural para o urbano na fala de migrantes em uma pesquisa na década de 1980, fui confrontada com as seguintes questões:

1. Quais são os principais fatores atuantes na manutenção de variedades rurais e/ou não padrão no Brasil?
2. Poderia sua preservação ser considerada simplesmente resultado do analfabetismo e da marginalização espacial ou social de seus falantes?
3. À medida que a população tem acesso gradual à educação formal, essas variedades vão sofrer mudanças?
4. Até que ponto existe uma ideologia de prestígio influenciando as chamadas "populações marginais"?
5. Estaria essa população ansiosa por assimilação?
6. Até que ponto a tendência à homogeneização na sociedade urbana está sujeita a forças opostas: por um lado, pressões padronizadoras oriundas da escola e da mídia e, por outro, a manutenção de formas não padrão como símbolos de identidade grupal?
7. As mudanças passíveis de ocorrer no repertório linguístico de migrantes rurais podem ser descritas em termos de indicadores sociodemográficos, tal como a duração da residência em ambiente urbano?

Essas questões de natureza macrossocial se relacionam a variáveis linguísticas de natureza microssocial, como a tendência à eliminação das desinências número-pessoais nos verbos e a redução das flexões nos substantivos e adjetivos.

8. Estariam os falantes submetidos a essas condições sócio-históricas citadas recuperando essas desinências quando começam a sofrer influência da educação escolar?

Eu me propus a responder a essas questões isoladamente ou em bloco ao longo deste livro. Em alguns casos consegui chegar a respostas bastante satisfatórias. Em outros não pude fazer nada além de deitar luzes sobre a sua complexidade.

Buscar resposta para esse conjunto de questões me levou à necessidade de trabalhar com um modelo mais específico do que o das classes sociais na divisão da sociedade. Encontrei esse recurso no paradigma de redes sociais. Uma rede social é simplesmente um conjunto de vínculos de todos os tipos entre indivíduos em um grupo. O interesse na análise de redes não reside nos atributos das pessoas que formam o grupo, mas nas características de seus vínculos nas relações umas com as outras (cf. Mitchell, 1969/1973). Nos próximos capítulos, será discutido o uso do paradigma das redes sociais para a compreensão da mudança linguística e padronização da língua no repertório linguístico da população urbana de origem rural no Brasil.

Esse paradigma me forneceu critérios para a distinção básica entre redes sociais insuladas (ou isoladas) e redes integradas em um grupo de migrantes de origem rural que se radicaram na periferia de Brasília, mais propriamente na cidade de Brazlândia, localizada a 43 quilômetros do Plano Piloto de Brasília, Distrito Federal (cf. Bortoni-Ricardo, 1985). Quatro variáveis linguísticas foram selecionadas como indicadores das mudanças no falar dos migrantes: a vocalização do fonema alveopalatal lateral /lh/ em posição intervocálica, como em "filha" e "trabalho"; a redução dos ditongos crescentes em final de palavras, como em "polícia" e "gêmeo"; e a regra da concordância verbal em 1ª e 3ª pessoas do plural, como em "nós fazemos" e "eles fazem". É preciso ressaltar, contudo, que o objetivo do trabalho iniciado na década de 1980 não era a investigação dessas variáveis *per se*, mas a aferição de sua capacidade como índices sensíveis do processo de adaptação da população rural ao meio urbano. Aprendemos com John Gumperz (1972: 13) que estudos de comunidade de fala são essenciais para entendermos o processo de mudança linguística em andamento e outros fenômenos sociais contemplados pela Linguística Aplicada. Vejamos como William Labov descreve esse processo:

> A variação do comportamento linguístico não exerce, por si mesma, uma influência poderosa no desenvolvimento social, nem tampouco afeta drasticamente as mudanças na vida do indivíduo; pelo contrário, a forma do comportamento linguístico muda rapidamente, à medida que a posição social do falante muda. Essa maleabilidade da linguagem sustenta sua grande utilidade como indicadora de mudanças sociais. (Labov, 1972a: 111)

A pesquisa realizada em Brazlândia representou uma síntese entre métodos sociolinguísticos quantitativos (análise baseada no paradigma de redes sociais) e análise variacionista mais tradicional de escores agregados (cf. Guy, 1981) por um lado e um estudo etnográfico de médio prazo por outro.

No processo de urbanização do Brasil e na co-ocorrente padronização da língua, podem-se distinguir dois períodos. O primeiro não foi acompanhado por industrialização e teve início com as mudanças que ocorreram no Rio de Janeiro a partir do século XIX, quando da independência do país, pois essa cidade já exibia um tipo de estratificação típico de comunidades urbanizadas. Tal tendência só atingiu São Paulo 30 anos depois. Sérgio Buarque de Holanda (1995) observa, todavia, que, no Brasil Colônia, bem como em outros países de história colonial recente, mal existiam tipos de estabelecimento urbanos intermediários entre os meios urbanos e as propriedades rurais. Aqueles estavam restritos à faixa litorânea, enquanto as propriedades rurais espalhavam-se pelas regiões interioranas, à medida que se sucediam os ciclos na produção agropecuária e na mineração.

Pereira de Queiroz (★1918-†2018) argumentou em 1978, contudo, que o fenômeno da urbanização, intimamente ligada à industrialização, não deveria ser visto como uma urbanização de fato, mas como uma difusão cultural do modo de vida burguês ocidental, eminentemente urbano. No caso brasileiro, a urbanização do Rio de Janeiro e posteriormente de outras capitais litorâneas deveu-se à adoção de modelos externos. À medida que surgiam recursos graças ao desenvolvimento da agricultura e mineração, tais modelos puderam ser adotados (cf. Bortoni-Ricardo, 2014).

De toda maneira, a adoção desse modo urbano de vida produziu no Brasil uma profunda clivagem entre a cultura popular do interior e a cultura cosmopolita das cidades emergentes, e precedeu em muitas décadas o desenvolvimento industrial do país, que só iria começar de fato ao final dos anos 1940, data geralmente considerada um marco do início do segundo período de urbanização.

É oportuno aqui trazer a distinção feita pelo antropólogo britânico Aidan Southall (★1920-†2009) entre industrialização econômica e industrialização social, identificando ainda vários graus em cada uma delas (Southall, 1973: 89). Em uma cidade economicamente industrializada, a função principal é industrial; já uma cidade cuja estrutura e população pressupõem tecnologias e produtos industrializados, trazidos de fora, dependendo deles, é socialmente industrializada. O que aconteceu no Brasil Colônia, na capital, na região aurífera e nas principais cidades litorâneas foi uma industrialização social. Algumas áreas interioranas foram afetadas pela modernização, mas muitas outras não puderam seguir essa tendência e preservaram seu modo de vida tradicional. Daí, Pereira de Queiroz (1978: 61) conclui que

> pela existência de duas sociedades paralelas e co-ocorrentes no Brasil, quase independentes entre si em cada região brasileira, dependendo principalmente de fatores socioeconômicos. Esse processo ocorre em momentos diferentes.

Profundas diferenças regionais são, como sabemos, uma importante característica do Brasil contemporâneo. Não obstante, a industrialização provocou uma tendência predominante para a urbanização em todo o país a partir das últimas décadas do século XX. Essa tendência "pode ser definida como um conjunto complexo de mudanças que inclui a introdução da tecnologia no interior, o êxodo em massa de áreas rurais, a difusão da mídia, a melhoria nos meios de transporte e uma relativa integração das comunidades interioranas à sociedade nacional" (ver Tabelas 2 e 3) (cf. Bortoni-Ricardo, 1985).

Antônio Cândido (★1918-†2017), em um trabalho já clássico, de 1964, usa o termo "caipira" para se referir ao universo da cultura rústica de São Paulo. Presentemente, esse termo, que tem uma etimologia tupi – *curupira* –, como já vimos, não está restrito à área de influência histórica dos paulistas, via entradas e bandeiras, mas se refere à população rural e tradicional do Brasil.

Durante os séculos XVI, XVII e XVIII, os habitantes dos povoados costeiros, na atual região do estado de São Paulo, iniciaram um movimento de exploração e desbravamento em direção ao oeste, na busca de índios para escravizar e de ouro e pedras preciosas de que tinham notícia, mas que só haveriam de encontrar ao final do século XVII. Esse movimento é reconhecido como bandeirismo e foi responsável pela difusão da cultura caipira. Vejamos o que disse o grande pioneiro Antônio Cândido (1964: 47-48) sobre isso:

> A vida social do caipira assimilou e conservou os elementos condicionados pelas suas origens nômades. A combinação dos traços culturais indígenas e portugueses obedeceu ao ritmo nômade do bandeirante e do povoador, conservando as características largamente permeadas pelas práticas de presa e coleta, cuja estrutura instável dependia da mobilidade dos indivíduos e dos grupos.

Pelo menos dois fatores explicam a mobilidade geográfica dessa população pioneira: a necessidade de encontrar solo fértil e ainda não explorado para a agricultura e a ausência de um sistema bem estabelecido de propriedade da terra. Assim, a cultura caipira, com variações locais, espalhou-se pelos atuais estados de Minas Gerais – especialmente as regiões sul e oeste –, de Goiás e Mato Grosso.

É ainda Cândido que nos ensina que o principal traço dessa cultura foi a segregação da influência urbana. Para compensar o isolamento cultural, desenvolveram-se as práticas de solidariedade mútua. Como viviam em áreas distantes entre si, as famílias de uma comunidade eram ligadas pelo sentimento de territoriedade comum, pela ética da solidariedade e pelas tradicionais atividades religiosas e de lazer, bem como pelo trabalho colaborativo dos mutirões. Gradualmente, seu isolamento cultural foi sendo alterado pela necessidade de consumo dos produtos manufaturados. Em consequência, sua economia fechada foi integrada à economia regional ou nacional por meio de relações comerciais (cf. Bortoni-Ricardo, 1985, 2014).

O crescimento da população nacional, a institucionalização do sistema de propriedade da terra e o desenvolvimento de uma agricultura fornecedora de alimentos para os habitantes da cidade determinaram uma vida mais sedentária da população rural e fortaleceram sua dependência da hegemonia urbana. Esses fatos explicam em grande parte a migração rural-urbana, que predominou no Brasil até meados do século XX (cf. Bortoni-Ricardo, 1985).

O antropólogo Ruben Oliven (1982: 69) menciona quatro processos principais que motivaram a migração da população rural para centros urbanos, mais propriamente para a sua periferia. O primeiro é a introdução do capitalismo na economia rural e a consequente proletarização dos trabalhadores mais pobres. O segundo é a chegada de melhorias sanitárias ao campo, que diminuíram os índices de mortalidade. O terceiro é a expansão das fronteiras agrícolas para o oeste do país, ocupando terras antes só habitadas por indígenas. E, finalmente, o quarto é um fenômeno de natureza psicossocial, qual seja a expectativa de melhores condições de vida. Para isso contribuiu muito a difusão dos meios de comunicação de massa, especialmente o rádio, na medida em que se implantava a eletrificação rural.

Todos esses processos de natureza sociodemográfica têm como consequência mudanças no repertório linguístico dos falantes do dialeto caipira. O principal deles é a constatação de que os falares rurais gradativamente foram-se amalgamando com variedades urbanas de pouco prestígio, com a perda de muitos traços típicos. Vamo-nos valer de sábia explicação de Amadeu Amaral (1976: 41-42) para melhor entendermos esse processo.

> Ao tempo em que o célebre falar paulista reinava sem contraste sensível, o caipirismo não existia apenas na linguagem, mas em todas as manifestações de nossa vida provinciana. De algumas décadas para cá, tudo entrou a transformar-se.

Ele cita em especial a substituição do trabalho escravo pelo assalariado, que resultou no afastamento de parte da população negra dos brancos citadinos e que culminou em 1888. Os caipiras passaram a ter menos influência nos costumes. E a população cresceu e mesclou-se com novos elementos. Houve aumento das vias de comunicação e do comércio. Em especial, foram melhorando os índices de alfabetização, como se pôde ver na Tabela 3.

A Figura 1 a seguir sintetiza a influência das redes sociais na urbanização e consequente padronização da língua.

Figura 1 – A relação entre padrões de redes e preservação do vernáculo

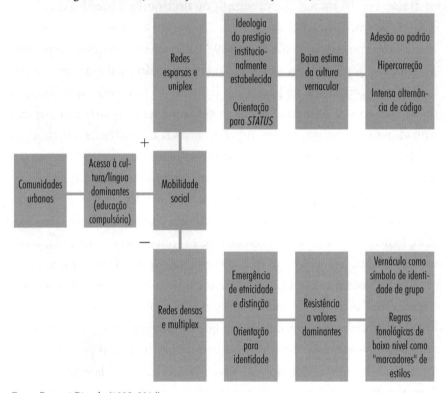

Fonte: Bortoni-Ricardo (1985, 2014).

As comunidades urbanas têm acesso mais fácil à cultura/língua dominantes, em consequência principalmente da educação compulsória. Levando em conta a mobilidade social dessa população, vamos considerar dois cenários: o de redes sociais esparsas e uniplex e o de redes sociais densas e multiplex, que passaremos a explicar sucintamente (cf. Milroy, 1980).

Indivíduos com mobilidade social ascendente tendem a constituir redes sociais mais esparsas e uniplex, isto é, as pessoas relacionam-se entre si somente em uma condição, como filhos, primos, avós, vizinhos etc. Verifica-se entre esses indivíduos uma tendência à ideologia do prestígio institucionalmente estabelecida, com concomitante orientação para *status* social. Isso resulta na baixa estima pela sua cultura original, vernacular, e consequente adesão à variedade padrão e prestigiada da língua. Encontram-se em seu repertório muitos exemplos de hipercorreção e intensa capacidade de alternância entre códigos, por exemplo, de um estilo coloquial a um estilo formal.

Quanto aos indivíduos que não experimentam mobilidade social ascendente, estes tendem a constituir redes densas e multiplex. Essa terminologia decorre do fato de que esses indivíduos mantêm entre si vários vínculos, como de parentesco, de compadrio, de vizinhança, de trabalho conjunto etc.

Diferentemente do grupo anterior, vemos nesses grupos sociais o crescimento de valores de etnicidade e de orientação para a identidade. Tais condições resultam na resistência à adesão de valores dominantes. Seu falar de origem, ou vernáculo, passa a funcionar como um símbolo de identidade do grupo. No português brasileiro, por exemplo, nessa situação social encontramos a ocorrência de muitas regras fonológicas como "marcadores" de estilos, como, por exemplo, a vocalização do /lh/.

FUNÇÃO SOCIAL DAS REDES

Os estudos de Sociolinguística que se valem do conceito de "redes sociais" tiveram início com John Gumperz (1976) e alinham-se com o modelo teórico antropológico de Barnes (★1918-†2010) (1969) e Bott (★1924-†2016) (1957), que investigam a conexão entre o isolamento das redes sociais e a manutenção de sua língua ou dialeto, tanto em pequenas aldeias expostas a correntes de inovação quanto em grupos territorialmente definidos em ambientes urbanos, como bairros ou comunidades, que exibem alto grau de coesão interna em virtude da polarização de valores sociais, éticos ou religiosos. Em ambos os espaços geográficos os membros dessas redes tendem a preservar a sua língua minoritária e não padrão enquanto os membros das redes esparsas ou uniplex tendem a preferir um código culturalmente dominante ou suprarregional (cf. Bortoni-Ricardo, 2014).

A Figura 2 ilustra o processo que ocorre com os membros de redes densas ou multiplex:

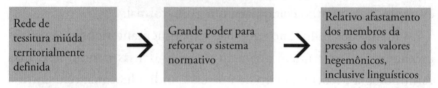

Figura 2 – A função social nas redes de tessitura miúda (densas ou multiplex)

Fonte: Bortoni-Ricardo (1985).

Embora não se possa considerar uma relação causal absoluta entre os conceitos do quadro, muitos estudos de Sociolinguística sugerem que os falantes tendem a sofrer mais influências da língua padrão quando as estruturas de suas redes tornam-se menos densas, possivelmente porque nesse caso elas já não exercem pressões contrainstitucionais em seu comportamento (Bortoni-Ricardo, 1985).

Milroy (1980: 160) explica que uma estrutura de rede densa e multiplex favorece a relativa aproximação às normas do vernáculo (não padrão). Já as redes esparsas ou uniplex aproximam os falantes do código padrão de prestígio, favorecendo as mudanças necessárias em seu repertório. Temos de lembrar, contudo, que a relação entre linguagem e rede não é absoluta.

REDES ISOLADAS E INTEGRADAS

No referido estudo realizado em Brazlândia, as redes sociais preservam características de comunidades rurbanas, de baixo *status* social. Seus membros são ligados entre si por muitos traços, tais como parentesco, relações pré-migratórias, vizinhança etc. Por isso essas redes são referidas como multiplex (Bortoni-Ricardo, 1985, 2014).

Convém observar também que o estudo de redes sociais é um instrumento de pesquisa especialmente útil sobre sistemas sociais fluidos que estejam passando por rápidas mudanças. É exatamente esse o caso da transição rural-urbana em Brazlândia.

Quando a continuidade rural-urbana é alta, o migrante tomará seus parentes e antigos vizinhos como um grupo de referência positivo. Mas o efeito geral da migração é remover os indivíduos dos controles exercidos pelos seus antigos grupos de companheiros e conferir a eles uma nova amplitude para escolha. Onde a continuidade rural-urbana é baixa, esse trabalhador tenderá a viver inteiramente na cidade, tanto física quanto psicologicamente, lidando com estranhos que, em muitos casos, serão tomados como modelo (cf. Bortoni-Ricardo, 2011: 133).

> O pressuposto geral dos estudos de redes é que ambientes urbanos complexos e heterogêneos ensejam um número mais amplo de papéis culturalmente diferenciados do que uma comunidade tradicional e relativamente homogênea. Um indivíduo integrado em uma cultura urbana, portanto, tenderá a vivenciar relações variadas com base em seus papéis sociais distintos. (Bortoni-Ricardo, 2011: 134)

O Quadro 2, no capítulo "A população brasileira", sintetiza esses conceitos.

A análise de redes sociais é um instrumento analítico efetivo para o estudo da transição de migrantes de origem rural de uma situação de relação de papéis mais simples para outra mais complexa.

No estudo conduzido em Brazlândia, a análise das redes sociais permitiu a distinção entre redes isoladas e redes integradas, com as primeiras correspondendo ao início do processo de transição, tendendo a ser territorialmente circunscritas, restritas à família extensa e aos conhecidos e vizinhos do período pré-migratório.

As redes integradas eram territorialmente dispersas e mais heterogêneas. Os vínculos são ali implementados em uma gama mais ampla de contextos sociais. Essas redes preservam baixo nível de continuidade rural-urbana, inclusive nos modos de falar.

As redes isoladas, por outro lado, favoreciam a manutenção da cultura rural e consequente focalização (preservação) do falar caipira.

À medida que o migrante de origem rural estabelecia um maior número de vínculos em seu novo ambiente, passava a desempenhar novos papéis sociais, e suas redes foram consideradas mais integradas.

A Figura 3 a seguir ilustra esse processo.

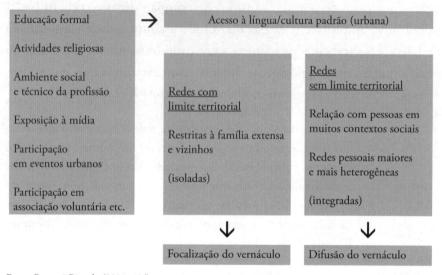

Figura 3 – Acesso à língua/cultura padrão (urbana)

Fonte: Bortoni-Ricardo (2011: 136).

A função da língua como símbolo de identidade pessoal

Os postulados básicos de uma teoria denominada "Teoria da Acomodação", desenvolvida no campo da Psicologia Social (Giles e Powesland, 1975; Giles e Smith, 1979 e Giles, 1980), estão implícitos na tradição sociolinguística. O principal deles é que as pessoas são motivadas a ajustarem sua fala – ou a "acomodarem-se" – a fim de expressarem valores, atitudes e intenções em relação a outras. Esses postulados enfatizam o caráter interativo em qualquer negociação, de tal modo que os participantes possam dispor de procedimentos interpretativos, inclusive em relação às intenções dos falantes que têm de ser decodificadas pelos ouvintes (cf. Bortoni-Ricardo, 2011, 2014).

A teoria trabalha com três conceitos básicos a que vamos nos referir sinteticamente: convergência, divergência e complementaridade.

A convergência é recurso usado na busca pela atração do interagente e se refere ao processo por meio do qual os falantes se esforçam para se tornar mais semelhantes àqueles com quem estão interagindo. Um exemplo extremo de acomodação é o *baby-talk* usado pelos adultos para se comunicar com os bebês.

A convergência pode resultar em mudança de língua, dialeto ou sotaque, ou incluir alterações no ritmo da fala, na extensão das pausas, na intensidade vocal etc., e geralmente leva à avaliação favorável do falante que está processando a acomodação ao seu interlocutor e ao aumento de inteligibilidade. De fato, uma pessoa ajusta a sua fala à forma que acredita que será mais bem recebida pelos seus interlocutores (cf. Bortoni-Ricardo, 2014).

O processo oposto é o da divergência linguística, que determina um distanciamento das características da fala dos interlocutores. É geralmente usado por grupos étnicos para manter sua identidade – em outras palavras, para enfatizar a similaridade intragrupo e a distinção intergrupo.

Uma grande quantidade de estudos sobre atitudes linguísticas que comparam línguas ou variedades da língua tem demonstrado que variedades e sotaques mais prestigiados são considerados mais persuasivos e carreiam melhor avaliação para os seus falantes, o que explica a motivação para a convergência para cima, ou seja, para a variedade de mais prestígio.

O terceiro conceito desenvolvido pela Teoria da Acomodação é o da complementaridade da fala, a qual ocorre quando, em uma interação diádica, um participante mantém um papel subordinado ao do outro, assumindo uma posição subalterna.

A Teoria da Acomodação contribui muito para uma compreensão das causas e motivações da variação linguística.

Os psicólogos sociais a que nos referimos parecem inspirar-se no conceito de "grupo de referência", assim definido por Gerard Berreman (★1930- †2013).

> Basicamente o conceito de grupo de referência é isso: quando as atitudes e comportamentos de uma pessoa são influenciados por um conjunto de normas que ela pressupõe seja obedecido por outros, esses outros constituem para ela um grupo de referência. (1964: 232)

Deve-se considerar, todavia, as hipóteses de conflito entre orientação para o prestígio e orientação para a identidade (Labov, 1966; Bortoni-Ricardo, 2014).

Em estudo realizado no East Side de Nova York em 1963/1964, William Labov identificou três grupos principais em relação à mobilidade social: ascendente, estável e descendente. Pessoas com mobilidade social ascendente tendem a imitar as normas de um grupo de referência externo, geralmente mais elevado que o seu, com o qual elas têm contato. Já as pessoas de mobilidade descendente geralmente se caracterizam pela resistência aos padrões normativos vigentes nos segmentos sociais. Há ainda aquelas que não se engajam no processo de mobilidade, permanecendo estáveis.

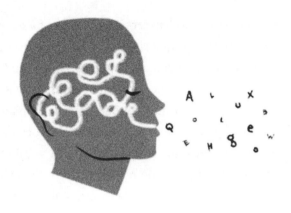

A linguagem humana

Segundo o linguista norte-americano Edward Sapir (★1884-†1939) (1921: 26), a língua é uma espécie de comportamento humano mais estritamente sociabilizado que qualquer outro nos quadros da cultura e apresenta uma regularidade a que só as ciências naturais costumam dar formulação.

O ser humano é a única espécie que detém a capacidade da linguagem. Outros animais, como as abelhas e as baleias, dominam códigos comunicativos, mas esses não são como a linguagem humana, duplamente articulados. Além disso, pode-se afirmar, com a certeza baseada na literatura técnica da área, que não existem línguas primitivas. Como observou Langacker (1972), não há relação entre grau de desenvolvimento cultural e complexidade da estrutura linguística. Línguas faladas por etnias pré-industriais podem ser tão complexas na sua estrutura quanto as línguas faladas por povos que já chegaram a graus avançados de desenvolvimento tecnológico. O fato mais importante é que toda língua é suficientemente capaz de atender às necessidades comunicativas do grupo social que a usa. A única diferença que se pode perceber é na amplitude do vocabulário, pois as línguas que desenvolveram sistemas de escrita em grande escala também ampliaram e organizaram seu vocabulário, enquanto as línguas ágrafas não dispõem de recursos como dicionários ou guias ortográficos. Temos de considerar também que palavras novas estão constantemente sendo criadas por meio de processos morfológicos vigentes em cada língua, ou sendo emprestadas de outra. Um bom exemplo é todo o léxico referente à cultura digital, que foi sendo criado à medida que a própria tecnologia digital avançava. É oportuno registrar que o vocabulário da língua inglesa é composto de 250 mil palavras distintas mais o triplo de sinônimos, o que corresponde a um total de 1 milhão de palavras (*Superinteressante*, 18 de abril de 2011). Já o vocabulário da língua portuguesa é composto de 381 mil verbetes, de acordo com o *Dicionário Houaiss* (2001).

Também é de Ronald Langacker (1972) a afirmação de que a diferença básica entre a comunicação humana e a animal seja a *inovação*, que marca a primeira.

Outro mito muito divulgado é o de que as línguas se corrompem. Segundo o já citado Langacker, "as línguas de dois ou três mil anos atrás não parecem em nada mais simples ou mais primitivas do que as línguas de hoje, nem tampouco parecem ser de tipo diferente" (1972: 25).

Não há evidências históricas efetivas e confiáveis de um tempo em que a espécie humana ainda não dispunha de linguagem. É quase certo ter o ser humano adquirido a linguagem em função de transformações evolutivas em sua estrutura mental, bem como nos órgãos que formam o chamado aparelho fonador.

> Um tópico ligado ao estudo da linguagem que sempre exerceu uma forte fascinação sobre o público em geral é a questão da origem da linguagem. Há bastante especulação sobre isso, geralmente na tentativa de avaliar a classe de ruídos comunicativos da qual se teriam derivado as línguas, em todas as suas complexidades desenvolvidas gradualmente.

> Exclamações imitativas em resposta a ruídos de animais, onomatopeias e outros sons imitadores dos fenômenos, exclamações de emoção forte e chamados por socorro foram todos expostos. Os linguistas, entretanto, tendem a abandonar essa teorização, não porque lhes falte interesse intrínseco, mas porque isso está muito além do alcance da legítima inferência científica. A linguagem como faculdade humana é imensuravelmente mais velha do que as primeiras línguas atestadas, algumas com quatro mil anos de idade. (Robins, 1977: 14)

Já observamos que as abelhas são capazes de transmitir informações a seus pares quanto à localização de alimentos, por exemplo. Elas o fazem por meio de uma dança em volta da colmeia, mas o seu repertório se reduz à informação: "há néctar a uma distância X daqui na direção y". Já a linguagem humana é ilimitada. Se quisermos escrever todas as frases possíveis que nos ocorrerem em determinada língua, logo vamos perceber que é impossível chegar ao fim da tarefa.

As línguas humanas, de fato, distinguem-se do sistema de comunicação animal no qual há um número pequeno e limitado de sinais discretos. Um exemplo são os primatas superiores, como os gibões ou chimpanzés, que dominam até 12 sinais vocais diferentes, expressando fome, perigo iminente etc. Outra diferença entre os sistemas de comunicação animal e humano é a grande complexidade estrutural da linguagem humana. Em resumo, podemos dizer que os sistemas de comunicação animal são fechados, enquanto as línguas humanas são abertas.

A criança aprende uma língua quando é exposta a ela, mas o teor de sua comunicação é ilimitado, não consiste apenas na repetição de sentenças ouvidas. A partir de um pequeno inventário de sons produzidos pelo ar expelido dos pulmões que faz vibrar as pregas vocais na glote, os humanos podem comunicar um número infinito de sentenças, que não são meramente repetidas pela memorização, mas efetivamente criadas. Aprender a falar, portanto, não é um processo de memorização de sentenças prontas, tampouco um fenômeno de analogia, ou seja, construir uma frase por analogia a frases semelhantes que já ouvimos. Criamos e compreendemos frases de maneira totalmente espontânea (cf. Langacker, 1972: 29). A inovação talvez seja a principal característica da linguagem humana.

A aquisição da linguagem é, pois, um processo de criação de sentenças cujo *input* é a língua que a criança ouve. Esse processo é inato. Todo ser humano nasce com a capacidade de linguagem. Podemos ver, por outro lado, que pessoas com alto grau de deficiência auditiva não têm acesso a esse *input*, por isso falam com dificuldade e muitas vezes precisam de apoio de fonoaudiólogos ou outros profissionais afins. Aproveitemos também para lembrar que o significado de uma frase não é simplesmente a soma do significado de suas partes.

A DUPLA ARTICULAÇÃO DA LINGUAGEM

Vamos explicar melhor a dupla articulação da linguagem. O conceito foi proposto pelo linguista francês André Martinet (★1908-†1999) em 1978. Ele explicou que uma sequência vocal suscetível de análise tem uma correspondência de significação. Essa é a primeira articulação. Já a segunda articulação consiste nos sons que compõem a linguagem e que podem ser vogais e consoantes. Ronald Langacker (1972: 37) observa que "uma língua é um mecanismo que estabelece correlação de som e significado, associando os significados a sinais para que se possa trocar ideias a partir de sequências observáveis de som".

Morfemas

As unidades que formam a primeira articulação da linguagem, aquela que correlaciona sequências sonoras e significados, são denominadas "morfemas" e podem ser de duas naturezas. Quando um morfema remete a algo no mundo biossocial, é chamado de "morfema lexical" ou "lexema". São exemplos de morfemas lexicais: peixe, carro, livro etc. Quando os morfemas são usados na configuração formal da gramática da língua, denominam-se "morfemas gramaticais". Por exemplo:

> A olho nu, planetas parecem estrelas, mas têm menos brilho do que as estrelas.

Nesse exemplo, os morfemas "olho", "nu", "planeta", "estrela" e "brilho" são morfemas lexicais. A preposição "a" (a olho nu), os morfemas marcadores de plural nos substantivos (planetas e estrelas), a conjunção adversativa "mas" e a contração da preposição "de" com o artigo "o" ("do") são morfemas gramaticais. As marcas de tempo, modo e pessoa nas formas verbais "parecem" e "têm" também o são.

Fonemas

Tratemos um pouco mais da segunda articulação da linguagem. Dentre os muitos sons que podem ser produzidos pelo aparelho fonador humano, cada língua seleciona um conjunto de que se serve para distinguir vocábulos com significações diferentes. No par de palavras "cacho" e "tacho", os primeiros segmentos de cada uma das palavras – "c" > /k/ e /t/ – são os fonemas que distinguem uma palavra da outra. Os fonemas não devem ser confundidos com as letras usadas na modalidade escrita da língua. Fonemas são entidades da língua oral. No par de palavras "boca" e "bica", por exemplo, são os fonemas /o/ e /i/ que associam as referidas sequências a dois significados muito distintos. Geralmente escrevemos os fonemas entre barras, como anteriormente fiz neste parágrafo.

Um mesmo fonema pode ser representado graficamente, na escrita, com diferentes letras. Por exemplo: "conserto" e "concerto", em que o fonema /s/ foi grafado com a letra "s" e com a letra "c".

Os fonemas podem ser vogais e consoantes. As vogais do português, em posição tônica, constituem um triângulo, conforme Mattoso Câmara Jr. (1992 [1970]), que veremos a seguir. Há uma série de vogais anteriores que são pronunciadas com o avanço da parte anterior da língua e sua elevação gradual e outra série de vogais posteriores com recuo da parte posterior da língua. Entre umas e outras, sem avanço ou elevação, tem-se a vogal /a/, como vértice mais baixo de um triângulo de base para cima. No Quadro 3 a seguir vemos esse triângulo vocálico.

Quadro 3 – Vogais do português

Altas	/u/					/i/	
Médias		/ô/			/ê/		2º grau
Médias			/ɔ/		/ɛ/		1º grau
Baixa				/a/			
	Posteriores			Central		Anteriores	

Fonte: Câmara Jr. (1992: 43).

Estamos adotando aqui a proposta descritiva de Mattoso Câmara Jr., que explica as chamadas "vogais nasais" como sendo uma vogal oral seguida de uma consoante nasal. Para esse grande precursor da Linguística brasileira, "a vogal nasal fica entendida como um grupo de dois fonemas que se combinam na sílaba, ou seja, uma vogal oral e uma consoante nasal" (Câmara Jr., 1970: 47).

Temos ainda de mencionar a posição não silábica da vogal quando ocorrem os ditongos. Por exemplo: "pai"; "rei"; "pau" etc. Nesses casos, a segunda vogal é referida como semivogal e ocupa a posição de uma consoante no fechamento silábico.

No caso das consoantes, o som produzido na glote é modificado na cavidade oral – na boca – e por isso é classificado conforme o ponto de articulação onde se dá a modificação. Já no caso das vogais, elas atravessam a cavidade oral sem que seu curso seja interrompido em algum ponto. Na língua portuguesa existem 19 fonemas consonânticos. Mattoso Câmara Jr. (1992: 48) os exemplifica da seguinte forma:

/p/: /b/: roupa; rouba;
/t/: /d/: rota; roda;
/k/: /g/: roca; roga;
/f/: /v/: mofo; movo;
/s/: /z/: asso; asa;
/s`/: /z`/: acho; ajo (ou queixo: queijo);
/m/: /n/: /n,/: amo; ano; anho (filhote de ovelha);
/l/: /l,/: mala; malha;
/r/: /r`/: erra; era.

Algumas gramáticas também classificam as consoantes pelo modo e pelo ponto de articulação. Recomendamos pesquisa na *Nova Gramática do Português Brasileiro*, do professor Ataliba de Castilho (2010), entre outras.

O quadro seguinte sintetiza essas informações.

Quadro 4 – Consoantes do português

Modo de articulação	Consoantes							Ponto de articulação
Oclusivas	/p/	/b/	/m/	/t/	/d/	/k/	/g/	- Labiais: /p/; /b/; /m/ - Dentais: /t/; /d/ - Velares: /k/; /g/
Fricativas	/f/	/v/	/s/	/z/	/x/	/j/		- Labiais: /f/; /v/ - Alveopalatais: /s/; /z/ - Velares: /x/; /j/
Laterais	/l/	/lh/						- Dental: /l/ - Alveopalatal: /lh/
Vibrantes	/r/	/rr/						- Alveopalatal: /r/ - Velar: /rr/
Nasais	/m/	/n/	/nh/					- Labial: /m/ - Dental: /n/ - Alveopalatal: /nh/

Fonte: Câmara Jr. (1992).

Em resumo, neste capítulo tratei da distinção entre primeira e segunda articulação da linguagem nos termos de André Martinet (1978), apresentando e classificando, primeiramente, o morfema como unidade mínima de significação e, em seguida, os fonemas consonânticos e vocálicos.

Aspectos da fonologia do português no Brasil

A maioria dos processos que marcam a pronúncia do português brasileiro, quando comparado à pronúncia de nossa língua em Portugal e em outros países, relaciona-se à preferência pela estrutura silábica canônica CV (a vogal está marcada como V e a consoante como C) e ainda à pouca resistência que sílabas átonas oferecem à redução e mudança. Isso significa que, em nosso português, há uma preferência por sílabas abertas, compostas por uma consoante e uma vogal. Vários são os processos que operam na língua e abrem sílabas fechadas, removendo a consoante final da sílaba. Entre eles vamos examinar a desnasalização das vogais átonas finais, a supressão de segmentos consonânticos na posição decrescente da sílaba e a redução de ditongos decrescentes.

De fato, sílabas finais átonas podem ser completamente suprimidas na fala rápida em variedades coloquiais. Por exemplo: "trabalha na roça" > "trabanaroça", "disse que ele chegou" > "diz quel chegô".

Outro fenômeno associado à fragilidade das sílabas átonas é a tendência a reduzir palavras proparoxítonas, como por exemplo: "número" > "numro*", "bêbedo" > "bebo*", "lâmpada" > "lampa*", "título" > "titu*", "quilômetro" > "quilome*". Um caso especial é "espírito" > "esprito*" e as formas verbais da primeira pessoa do plural do imperfeito do indicativo "nós andávamos" > "nós andava", fenômeno produtivo em falares populares.

PROCESSOS QUE AFETAM AS CONSOANTES LÍQUIDAS /r/ E /l/

A neutralização do /r/ e do /l/ pode ocorrer tanto em final de sílaba quanto em encontros consonantais, e mais frequentemente o resultado da neutralização produz um /r/. Em encontros consonantais de uma oclusiva ou uma fricativa plana mais uma lateral pode ocorrer a neutralização de /r/ e /l/, à custa dessa última, ou então a líquida pode ser simplesmente suprimida: em "inclusive" > "incrusive*", temos a regra afetando uma sílaba constituída de oclusiva + /l/ + vogal, em que o fonema /l/ é transformado em /r/. Em "progresso" > "pogresso*" o fonema /r/ é suprimido.

As consoantes /l/ e /lh/ são um ambiente de muita variação no português brasileiro e em outras comunidades de fala portuguesa. O /l/ pós-vocálico em praticamente todos os falares brasileiros é realizado como um /w/. Por exemplo: "Brasil" > "/Braziw/", "canal" > "/kanaw/".

Com relação à consoante lateral palatal /lh/, ela é vocalizada em variedades rurbanas, e já se transformou em um estereótipo no sentido usado por Labov (1972a: 180), que afirmou: "sob extrema estigmatização uma forma pode tornar-se um tópico aberto de comentário social ou ainda eventualmente desaparecer. Trata-se nesse caso de um estereótipo". Exemplos de estereótipo são: "milho" > "/miyo/"; "velho" > "/veiyo/". Podem ocorrer também hipercorreção em variedades rurbanas: "maior" > "malhor*", "pior" > "pilhor*". É bom lembrar que a hipercorreção ocorre quando o falante deseja evitar um erro e acaba por incidir em outro erro. Nesses exemplos, o falante imagina que na palavra "pior" havia o segmento /lh/, que foi suprimido, mas que de fato não existe nessa palavra.

Em variedades populares podemos ter ainda a perda do /l/ pós-vocálico, que fecha a sílaba. Exemplo: "difícil" > "difici*", e até mesmo do /l/ em posição intervocálica: "aqueles" > "aqueis*".

O fonema /l/ pode também ser realizado como um /r/ em variedades rurbanas. Esse processo foi também registrado em dialetos do português europeu e em crioulos de base portuguesa (cf. Vasconcelos, 1970 [1901]). Exemplos: "almoço" > "armoço*". Cabe observar com Naro (1980: 166) que "o apagamento de um segmento morfêmico é mais fácil que o apagamento de seu segmento correspondente não morfêmico se o morfema for redundante; caso contrário ocorre o oposto". O que Naro nos ensinou é que um segmento que contenha uma informação no sentido da palavra, e portanto é morfêmico, é mais resistente a mudanças. Mas se a informação que o morfema traz for redundante, isto é, for marcada mais de uma vez, ele poderá ser mais facilmente suprimido.

MUDANÇAS ESPORÁDICAS DE VOGAIS

Quase sempre, em consequência da regra de harmonia vocálica, temos processos de elevação, como "sozinho" > "suzinho*", mais comuns em falares rurbanos. A harmonia vocálica é um processo que tende a tornar duas vogais mais semelhantes entre si. No exemplo "sozinho" > "suzinho*", a harmonia vocálica atuou para transformar o /o/ inicial em /u/, que é uma vogal alta como o /i/ da vogal da sílaba seguinte. Com relação ao efeito da harmonia vocálica, podem ocorrer também hipercorreções como "religioso > relegeoso*"; "proibido > proebido*". Em ambos os exemplos o falante está "recuperando" uma vogal que de fato não existe na palavra.

OUTROS PROCESSOS FONOLÓGICOS ENCONTRADOS NO PORTUGUÊS

Prótese do /a/

Temos a prótese de /a/ em palavras iniciadas em consoantes: "alembrar", que está dicionarizada, e "arreunir*".

Alternância entre o /i/ oral e o nasal

A contaminação de prefixos (Naro, 1971) pode resultar da alternância entre o /i/ oral e o /i/ nasal. Exemplo: "igual" > "ingual*". Naro denominou "contaminação" a neutralização entre prefixos como "in" e "i", que é muito comum na evolução da língua. Um exemplo contemporâneo é "ingnorante*".

Metátese do /r/ e do /s/

A metátese é uma mudança linguística que consiste na troca de lugar de fonemas ou sílabas dentro de um vocábulo. Ocorre metátese do /r/ nos falares rurais ou rurbanos como em "porque" > "proque*"; "intervalo" > "intrevalo*"; "torcer" > "trocer*". Pode ocorrer também metátese com o fonema /s/: "satisfeito" > "sastifeito*".

Epêntese

Casos de epêntese, ou acréscimo de um segmento, também podem ser encontrados em variedades rurbanas. Exemplos: "depois" > "dispois*" e "aniversário" > "anisversaro*". Em ambos os casos com epêntese do /s/.

Aférese

Ocorrem ainda casos de aférese como: "acumular > cumular*"; "aproveitar" > "proveitar*"; "arranca" > "ranca*", em que é suprimido o primeiro segmento. Câmara Jr. (1992 [1970]) observa que a função demarcativa em uma sequência de palavras geralmente é exercida pela consoante inicial de uma palavra. Se a palavra tiver início com uma vogal, essa vogal tende a ser suprimida e a função demarcativa transfere-se para a consoante seguinte.

Exemplos: "ajuda" > "juda*", "acabar" > "cabar*", "observa" > "biserva*".

Assimilação do /d/ e do /b/

Outra regra que convém mencionar é a assimilação do /d/ na sequência /nd/ > /nn/ > /n/ e do /b/ em /mb/ > /mm/> /m/. A primeira é quase categórica no português falado no Brasil no caso de gerúndio. A segunda é mais rara. Exemplos a serem citados são: /falãⁿdu/ > /falãnu/; /tãᵐbẽĵ/ > /tãmẽĵ/.

ESTRUTURA DA SÍLABA

Vejamos como se estruturam as sílabas no português. A sílaba compõe-se de um aclive, um ápice e um declive. O ápice geralmente é uma vogal precedida por uma consoante no aclive e seguida por uma consoante (ou semivogal) no declive. Temos as seguintes estruturas silábicas, conforme Câmara Jr. (1971: 26ss.):

V: sílaba simples (a, é)
CV: sílabas abertas (cá, né)
VC: sílabas sem o aclive (ar, ir)
CVC: sílaba com aclive e declive (par, mel, pai, meu)

Como observa Mattoso Câmara Jr., há quatro modalidades de sílabas travadas em português:

1. V/z (vogal seguida de /z/). Exemplo: "paz".
2. V/r (vogal seguida de /r/). Exemplo: "mar".
3. V/l (vogal seguida de /l/). Exemplo: "sal", que desaparece com a vocalização do /l/ para /w/.
4. V/y, w (vogal seguida de ditongos decrescentes). Exemplo: "pai", "pau".
5. Um quinto tipo, V/N/, "som", decorre da interpretação da vogal nasal como sendo fonologicamente fechada por consoante nasal, que Mattoso Câmara considera um arquifonema nasal (Câmara Jr., 1971).

Quando a sílaba é travada com o /z/, esse fonema pode ser pronunciado como uma sibilante ou como uma chiante, conforme o dialeto regional. Diante de consoante surda ou de pausa, essa consoante será pronunciada como /s/.

A outra estrutura é a de CCV, em que a segunda consoante, como vimos, é sempre /r/ ou /l/ combinada com uma das oclusivas /p/; /b/; /t/; /d/; /k/ e /g/, ou com uma das fricativas labiais /f/ e /v/. Nesses casos, as consoantes /r/ e /l/ podem se neutralizar ou ser suprimidas. Exemplos: "completo" > "compreto*"; "plantar" > "prantar*"; "outro" > "oto*", todas essas variantes próprias de variedades populares ou rurbanas. A vogal /u/ também nessa posição pode tornar-se assilábica ou ocorrer depois das consoantes /k/ e /g/, constituindo um ditongo crescente: por exemplo, "qual" (cf. Câmara Jr., 1971: 27).

Na língua escrita pode aparecer também uma consoante oclusiva seguida de outra consoante oclusiva, ou consoante nasal, ou fricativa. Por exemplo: "pneu" (nasal), "apto" e "técnica" (oclusivas), "opção" e "psicologia" (fricativas). Na pronúncia natural desses grupos, geralmente acrescenta-se uma vogal /i/ depois da primeira oclusiva – "áp'to", "p'neu", "op'são" – que não é reproduzida na ortografia. Na realidade, a primeira consoante constitui uma sílaba distinta, cujo ápice silábico é um /i/ no português do Brasil. Já antes da vogal tônica, como em "opção", observa-se um esforço da pronúncia culta para a redução do /i/ não escrito. Esse esforço resulta também em ultracorreção na modalidade escrita, como em "adivinhar" > "advinhar*"; "admitir" > "adimitir*". A convenção ortográfica de separar "ap-to"; "téc-ni-ca" não tem, portanto, fundamento fonológico, mas é interessante observar a ortografia de finais de palavras como "clube" e "Judite" (cf. Câmara Jr., 1971: 28).

DITONGOS

Continuando a análise básica da fonologia da língua, vamos nos deter brevemente nos ditongos, que são uma sequência de duas vogais pronunciadas em uma mesma sílaba e que podem ser decrescentes ou crescentes. Segundo Mattoso Câmara Jr. (1978: 101), o ditongo decrescente é uma sequência da vogal de base, que pode ser tônica ou átona, seguida por uma vogal não silábica ou semivogal, sempre átona. O ditongo crescente, ao contrário, começa com uma vogal não silábica seguida pela vogal de base, que poderá ser tônica ou átona. De acordo com o autor, há 11 ditongos decrescentes orais no português, a saber: /aj/; /aw/; /ɛj/; /ɛw/; ej/; /ew/; /ɔj/; /oj/; /ow/; /uj/ e /iw/ (a semivogal anterior está representada pela letra "j" e a posterior pela letra "w"). O autor observa também que a neutralização entre /l/ e /w/ em posição decrescente na sílaba resulta em mais um ditongo /ɔl/, como em "sol".

Há cinco ditongos nasais decrescentes, a saber: /ãĵ/; /õĵ/; /ãw̃/; /ũĵ/; /ẽĵ/. Este último é considerado por Mattoso Câmara Jr. um ditongo fonético, pois a vogal /e/ nasalizada é sempre realizada como um ditongo nasal diante de pausa como em "bem", "contém" etc.

Por fim, cabe uma referência à ocorrência de ditongo crescente que resulta de um *glide*, que é um som que ocorre entre as duas vogais de um hiato. Pode ser posterior, como em "bo[w]a" ("bɔa"), "cano[w]a" ("canoa"), ou anterior, como em "mei[y]a" ("meia") e "boi[y]a" ("boia"), antes da segunda vogal de um hiato (1978: 56). Por exemplo, "fio", "boa", "ideia", "meia", "tua" etc.

REDUÇÃO DE DITONGOS

Cabe aqui lembrar, como fez Miriam Lemle (1978), que ditongos crescentes, principalmente precedidos por /s/ e /r/, são frequentemente reduzidos. Em substantivos terminados em -ência ou -ância, a pronúncia popular tende à monotongação. Exemplos: frequência, abundância, paciência, ambulância (ambulança*) etc. Nesse contexto, também é comum encontrarmos a hipercorreção: "licença" > "licência*", "nascença" > "nascência*", ou a neutralização de palavras como "vivência" e "vivença", ambas dicionarizadas. A hipercorreção ou ultracorreção, como já vimos, é uma aplicação excessiva de uma regra. O falante, por medo de errar, aplica uma regra inadequadamente. Por exemplo, ao usar a palavra "bandeja", o usuário imagina que houve aí a redução de um ditongo e "recupera" esse ditongo que de fato não existe na ortografia daquela palavra, pronunciando "bandeija*".

A monotongação dos ditongos decrescentes parece seguir uma tendência diacrônica da língua no processo de vocalização das consoantes em posição pós-vocálica na sílaba. Por exemplo:

Latim	Português padrão	Português não padrão
Alterum	Outro	Otro

A redução do ditongo /ow/ > /o/, segundo os estudiosos de Filologia, pode ter começado antes do século XVIII. Já a redução de /ej/ > /e/ também muito produtiva, pode ter-se iniciado igualmente em Portugal no século XVIII, mas é claramente condicionada pelo ambiente fonético seguinte: as consoantes favorecendo-a e as vogais e a pausa inibindo-a (cf. Vasconcelos, 1970: 93).

A redução dos ditongos /aw/ > /o/ e /ew/ > /o/, como em "aumento" > "omento" e "preocupa" > "procupa", parece restrita a variedades populares do português.

Em resumo, podemos avançar duas hipóteses mais gerais em relação aos ditongos:

1. Ditongos decrescentes tendem mais a reduzir-se em sílabas átonas.
2. A natureza do segmento consonântico seguinte afeta a redução do ditongo /ej/ por conta de um fenômeno de assimilação homorgânica. O ambiente mais favorável é uma consoante seguinte homorgânica à semivogal. Seguem-se como ambientes favoráveis o /r/ e as nasais.
3. O ditongo /aj/ só é reduzido quando seguido por consoante homorgânica. A redução do /ej/ é categórica quando o ditongo é seguido por consoante homorgânica ou por /r/. Quanto ao ditongo /ow/, a regra de redução é praticamente categórica em todos os ambientes.
4. Em certas variedades do português, o /l/ pós-vocálico neutraliza-se com o /w/, mas em algumas variedades rurais pode-se transformar em /r/. Exemplo: "anzol" > "anzor*".

TENDÊNCIA ÀS SÍLABAS ABERTAS

Verifica-se no português contemporâneo uma tendência a sílabas abertas com a perda do segmento do declive silábico.

As consoantes que ocorrem nessa posição são as líquidas /l/ e /r/ e as fricativas alveolares /s/ e /z/. O apagamento da consoante fricativa alveolar, que é quase sempre marcador de plural, reflete a tendência geral no moderno português brasileiro de privilegiar a forma singular às expensas da contraparte plural, como veremos a seguir. Conforme observou Scherre (1996), quando os marcadores de pluralidade são redundantes, como é o caso do sintagma nominal plural no português, há uma tendência a preservar a marca de número somente no primeiro determinante.

SUPRESSÃO DE CONSOANTES PÓS-VOCÁLICAS EM POSIÇÃO DE FINAL DE PALAVRA

A preferência do português oral pelas sílabas abertas resulta na perda das consoantes em posição de declive silábico. Cabe mencionar pelo menos dois desses fenômenos: a regra de desnasalização das vogais finais, que tem consequências morfológicas nas formas verbais, causando a neutralização da terceira pessoa do singular e a do plural. Exemplo: "ele perde" e "eles perde"; e a perda do morfema -s nas formas nominais que também tem importante consequência morfológica com a neutralização de singular e plural e afeta a regra de concordância de número nos nomes quando o plural é marcado somente pela adição do morfema -s. Exemplo: "um louco"; "vários louco*".

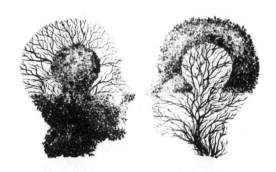

Variação linguística e educação

A situação sociolinguística brasileira apresenta peculiaridades que a distinguem de outros países. Não se pode, pois, simplesmente importar modelos analíticos na área das ciências da linguagem. É indispensável o desenvolvimento de um aparato teórico-metodológico adequado à realidade nacional.

A maioria dos estudos sociolinguísticos modernos voltam-se para três tipos de situações:

1. Sociedades multilíngues ou multidialetais.
2. Comunidades falantes de línguas crioulas ou pós-crioulas.
3. Dialetos ou variedades urbanas e/ou étnicas em países industrializados.

Nenhuma dessas correntes parece perfeitamente adequada à descrição de fenômenos sociolinguísticos no Brasil, como veremos no decorrer deste capítulo.

Com relação à primeira, temos de considerar que o Brasil é um dos poucos países monolíngues de grande extensão territorial e vasta população. Somente pequenos contingentes dessa população (comunidades indígenas e descendentes de imigrantes europeus e asiáticos) não têm o português como língua materna e exibem variados graus de bilinguismo. O estudo da situação linguística dessas comunidades não pode ser negligenciado. Mas o fenômeno, devido às suas dimensões, não compromete as características de monolinguismo no Brasil, que não deve ser entendido, contudo, como sinônimo de homogeneidade linguística. Pelo contrário, a língua portuguesa usada no Brasil é amplamente heterogênea.

Tampouco o emprego de uma metodologia voltada para um *continuum* pós-crioulo parece ser uma proposta apropriada (cf. Bortoni-Ricardo, 2014).

Mesmo considerando-se a hipótese da existência de um português *pidginizado* nos primeiros séculos de colonização, temos de admitir que sua influência restou limitada às variedades rurais isoladas. O português citadino no país conservou-se muito próximo do modelo de além-mar, distinguindo-se desse principalmente na fonologia e no léxico, o que se pode explicar pela existência de um oceano entre as duas normas, como já vimos.

Quanto à terceira situação, referente à dialetologia urbana em nações industrializadas, há que promover criteriosa descrição da comunidade de fala no Brasil. Os problemas já se iniciam na própria caracterização da sociedade brasileira como uma comunidade de fala. Estudiosos propõem uma distinção básica entre sociedades tradicionais, rigidamente estratificadas, e sociedades modernas, relativamente abertas (cf. Fishman, 1972b). Nas primeiras há uma gama de papéis sociais bem definidos e não permeáveis que resultam em estratificação linguística igualmente rígida, ampla e diferenciada. As variedades que as compõem conservam-se discretas e a mobilidade social e o acesso ao código de prestígio são severamente restritos.

Ainda segundo esses estudos sociolinguísticos contemporâneos, a sociedade moderna se caracteriza por mais permeabilidade e fluidez entre falares de natureza social e estilística, bem como por um amplo acesso à norma suprarregional de maior prestígio.

Como se situa o Brasil diante dessas duas tipologias? Muito já se discutiu sobre a existência de contrastes profundos neste país, onde convivem contemporaneamente estágios diversos de desenvolvimento histórico, tecnológico e cultural (cf. Darcy Ribeiro, 1995). Essa situação reflete-se na caracterização da sociedade brasileira enquanto comunidade de fala. Das sociedades tradicionais, conserva o Brasil duas características: a grande variação no repertório verbal e o acesso limitado à norma-padrão. Apresenta, todavia, a característica da fluidez e permeabilidade das sociedades modernas, o que resulta na situação de um gradiente de variedades linguísticas muito diferente da dialetação discreta e compartimentada das sociedades de castas (cf. Bortoni-Ricardo, 2014).

As diferenças linguísticas diatópicas (regionais), distribuídas no espaço geográfico, e as diastráticas, distribuídas no espaço social, parecem ser de pequena relevância, já que não impedem a inteligibilidade. Essas diferenças, no entanto, são profundas e ocorrem, por exemplo, em todo o sistema flexional dos verbos, nos pronomes e nos nomes. Basta nos lembrarmos de que no sintagma nominal, na variedade padrão, todos os determinantes, artigos e pronomes variam em número, bem como em gênero, concordando com o núcleo do sintagma. Vejamos um exemplo:

"*Todos aqueles meninos.*"

A marca do plural aparece três vezes no sintagma. Comparemos com a variante popular, em que o plural pode ocorrer apenas uma vez:

"*Aque'is menino tudo.*"

Quanto aos problemas de inteligibilidade entre os variados falares brasileiros, há uma tendência a desconhecê-los. No entanto, é bom que o tema seja discutido, pois esses problemas ocorrem em detrimento de uma ampla população mais pobre, que tem pouco acesso à escola de qualidade. Vou repetir aqui um trecho de gravação feita no trabalho de Brazlândia da década de 1980, a que já me referi. A letra "E" indica entrevistadora, a letra "S" indica a entrevistada de 71 anos, oriunda de área rural, mas que já morava na periferia de Brasília desde os 63 anos. As letras "FS" referem-se à filha da entrevistada (Bortoni-Ricardo, 1985).

> E.: A senhora esteve presente nas últimas reuniões da novena?
> S.: Se eu tive???
> E.: É.
> S.: Não.
> E.: A senhora não foi?
> FS.: E a senhora não foi naquela última novena, não?
> S.: Tive na novena, mas não tive presente.

As diferenças nas variedades diastráticas tendem a se conservar devido ao acesso limitado a uma boa e efetiva escolarização, bem como ao amplo nível de analfabetismo (ver Tabela 3, capítulo "Português é a língua mais difícil que tem").

Voltando à discussão sobre língua padrão, podemos representá-la por um vetor que se denominará "vetor de assimilação". Nos países desenvolvidos, são fatores principais de assimilação o prestígio da língua culta, geralmente registrado na tradição literária, e a ação das agências que a implementam, especialmente a escolarização compulsória. Oposta a essa influência, temos outro vetor, de natureza psicossocial, que é associado à dimensão de solidariedade nas relações intragrupo e passa a funcionar como símbolo de coesão e identidade. O fenômeno adquire mais relevância no caso de minorias étnicas nas comunidades urbanas (cf. Labov, 1972a). As variedades sociais e étnicas são marcadas na fonologia, na morfossintaxe e no léxico por traços que atuam como uma peça de resistência à assimilação. Os falantes usam esses traços para enfatizar sua identidade, alternando-os com as variantes de prestígio quando as circunstâncias o exigem. Esse processo tem sido chamado de "lealdade linguística" e provavelmente tem força também na sociedade brasileira, embora o tema seja pouco discutido.

Os estudos de sociolinguística no Brasil, principalmente a partir da década de 1970, têm prestado uma grande contribuição ao ensino pedagógico da língua na escola e mostram que os "erros" que os alunos cometem são sistemáticos e previsíveis quando já se conhecem as peculiaridades de sua fala. Alguns desses "erros" se explicam pela natureza arbitrária dos sistemas de convenções da escrita. Por exemplo, o fonema /s/ pode ser representado na escrita de muitas formas: "s", "ss", "c", "ç", "sc" e "x", esse último em posição pós-vocálica, como em "expoente". Outros "erros" decorrem da transposição de hábitos da fala para a escrita. Um bom exemplo é a diferença ortográfica do sufixo número-pessoal de terceira pessoa do plural /ãw/, que é grafado "ão" quando é tônico e "am" quando é átono. Por exemplo: "estavam" e "estarão".

Na Figura 4 resumimos esses fatos.

Figura 4 – Contribuição da Sociolinguística à educação

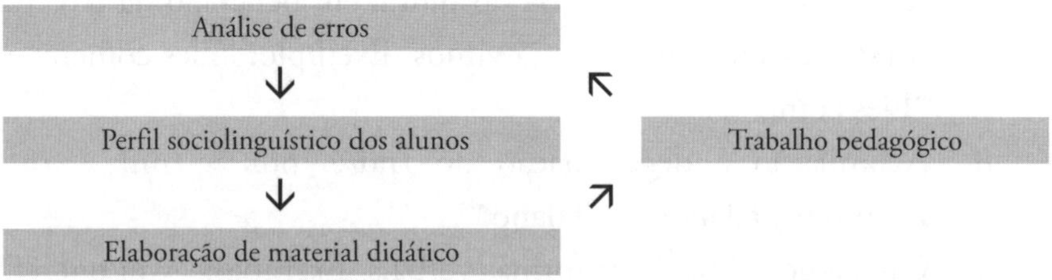

```
        Análise de erros
               ↓                    ↖
  Perfil sociolinguístico dos alunos       Trabalho pedagógico
               ↓                    ↗
   Elaboração de material didático
```

Fonte: Bortoni-Ricardo (2005: 59).

Quando analisamos "erros" dos alunos, precisamos distinguir os decorrentes do falar regional em questão e outros que podem ser privativos do repertório do aluno. Nos próximos parágrafos, vou discutir alguns "erros" mais frequentes.

1. Vocábulos fonológicos constituídos de duas ou mais formas livres ou dependentes: Mattoso Câmara Jr. nos ensinou que é preciso fazer a distinção entre vocábulo fonológico e o vocábulo "formal" ou "mórfico", que nem sempre coincidem. Por exemplo, "o que" > "uque*", "graças a Deus" > "grasaza Deus" (Câmara Jr., 1975: 59ss.).
2. Crase entre a vogal final de uma palavra e a vogal idêntica ou foneticamente próxima da palavra seguinte. Exemplo: "a atenção" > "a tenção*".
3. Neutralização das vogais anteriores /e/ e /i/ e das posteriores /o/ e /u/ em posição pós-tônica ou pretônica. Exemplo: "feliz" > "filiz*", "possível" > "pussível*".

4. Nasalização do ditongo em "muito", por assimilação progressiva.
5. Despalatalização da consoante lateral palatal. Exemplo: "olhar" > "oliar*".
6. Monotongação de ditongos decrescentes /ei/ e /ou/ orais, sendo que nesse último a monotongação é praticamente categórica. Com o ditongo /ei/, oral ou nasal, a regra é condicionada pela consoante seguinte ou pausa. Exemplo: "feira" > "fera*", "beira" > "bera*".
7. Desnasalização das vogais átonas finais. Exemplo: "homem" > "homi*"; e das formas verbais terminadas em /em/ que se reduzem na terceira pessoa do plural em benefício da terceira pessoa do singular, como já vimos. Exemplo: "Eles comem" > "Eles come*".
8. Assimilação e degeminação do /nd/: /nd/ > /nn/ > /n/. Exemplo: "falando" > "falano*".
9. Queda do /r/ final das formas verbais. Exemplo: "Vou querer" > "vou querê*".

A partir de 1976, estudos conduzidos na Universidade Federal do Rio de Janeiro (UFRJ) por Naro, Lemle, Scherre, Mollica e associados demonstraram a importância do princípio de saliência fônica na aplicação da regra de concordância. Nos verbos isso ocorre nas formas rizotônicas (ele come, eles comem). Nos nomes, quando há marca de plural, consiste num simples acréscimo de /s/. Quando a oposição entre singular e plural é mais saliente, a ausência de concordância sofre maior estigmatização e tende a restringir-se às variedades populares da língua. Exemplo: hotel, hotéis. Remetemos os leitores interessados nas regras variáveis que indicam flexão no português contemporâneo a Scherre e Sousa e Silva (orgs.), *Padrões Sociolinguísticos* (1996) e a Mollica (org.), *A influência da fala na alfabetização* (1998).

Para concluir, deixaremos aqui algumas palavras sobre a influência da variação da língua na formação escolar dos alunos. Quando a Sociolinguística surgiu no início dos anos 1960, nos Estados Unidos, seu principal compromisso era argumentar em favor da equivalência entre as variedades de uma língua e demonstrar a correlação entre os modos de falar de uma criança e seu aproveitamento escolar. De fato, a evolução da aprendizagem da leitura de crianças educadas em lares letrados era muito superior à aprendizagem de crianças de famílias não letradas, em especial as minorias étnicas não letradas. Muitos pesquisadores debruçaram-se sobre essa questão e a primeira explicação surgiu como um modelo de déficit, isto é, as crianças de baixo aproveitamento seriam portadoras de um déficit linguístico. À medida que os estudos de Sociolinguística evoluíam, foi possível substituir esse modelo de déficit por um modelo de diferença. A Sociolinguística aderiu a esse segundo modelo, mostrando que não havia nada errado intrinsecamente com as crianças que tinham problemas na aprendizagem da leitura. A questão era a diferença estrutural entre a fala dessas crianças e a linguagem usada nos textos escritos. Um trabalho clássico que demonstrou essa tese foi de William Labov (1972b), "The Logic of Nonstandard English", no qual ele demonstrava a competência logística de uma criança negra americana na resolução de problemas do dia a dia.

Nessa fase inicial, já nos anos 1970, os sociolinguistas assumiram dois compromissos educacionais. Primeiro: rejeitar veementemente o modelo de déficit e a política educacional de reforço escolar que decorria desse modelo. Labov chamava a atenção para a dupla ignorância: os professores ignorando os modos de falar das crianças de segmentos mais pobres e essas crianças ignorando a modalidade escrita da língua e os estilos mais formais. O segundo compromisso era explorar a relação entre a língua natural e o processo de leitura desenvolvido na escola. Este livro está comprometido com esse duplo objetivo.

Competência comunicativa e concordância verbal e nominal

COMPETÊNCIA COMUNICATIVA

Ao longo de nossas reflexões sobre a língua portuguesa fizemos referência ao conceito de competência. Vamos agora fazer uma distinção entre competência linguística e competência comunicativa.

O renomado linguista suíço Ferdinand de Saussure (★1857-†1913) propôs em meados do século XX uma distinção entre os conceitos de língua e fala. Para ele, língua é um sistema abstrato partilhado por uma comunidade de falantes, que ganha realidade concreta na fala. Muitos anos depois, em 1965, o grande linguista Noam Chomsky (★1928), professor do MIT nos Estados Unidos, retomou essa distinção, incluindo na dicotomia os conceitos de competência e desempenho (ou performance).

Assim como a língua, na proposta de Saussure a competência tem caráter abstrato, enquanto o desempenho, como a fala, tem caráter concreto.

Para Chomsky, a competência consiste no conhecimento que o falante tem de um conjunto de regras que lhe permite produzir e compreender um número infinito de sentenças, reconhecendo aquelas que são bem formadas de acordo com o sistema básico da língua. Cabe observar que todas as sentenças produzidas por um falante da língua são bem formadas, independentemente de serem próprias da chamada "língua padrão" ou de outras variedades. As únicas sentenças malformadas seriam aquelas produzidas por falantes estrangeiros, que não conhecem bem a língua, ou por crianças que estão no processo de internalizar as regras do sistema, ou seja, no processo de desenvolver sua competência linguística. Uma sentença como "os homem cheguei eles com amanhã" não é bem formada porque não respeita as regras morfossintáticas e semânticas que são parte da competência dos falantes.

> Logo que Noam Chomsky propôs a distinção entre competência e desempenho, vários pesquisadores ofereceram críticas e reformulações a ela. A principal reformulação foi proposta pelo sociolinguista norte-americano Dell Hymes (★1927-†2009) em 1966. Para Hymes, o maior problema com a noção de competência linguística reside no fato de que esse conceito não dá conta das questões de variação da língua, seja essa variação interindividual – entre pessoas –, ou intraindividual – no repertório de uma mesma pessoa. (Bortoni-Ricardo, 2004: 73)

O conceito de competência comunicativa proposto por Hymes é bastante amplo para incluir não só as regras que presidem a formação das sentenças, mas também as normas sociais e culturais que definem a adequação do comportamento linguístico dos falantes (cf. Bortoni-Ricardo, 2004).

A competência comunicativa, conforme Hymes, é o conhecimento que permite ao falante saber o que falar e como falar com quaisquer interlocutores em quaisquer circunstâncias. Quando comparada à competência na dicotomia proposta por Chomsky, vemos que a competência comunicativa enfatiza a noção de adequação, levando em conta as normas culturais do grupo usuário da língua.

Estamos entendendo adequação como o conhecimento que o falante tem de como e quando proceder à adequação de seu estilo. Em situações em que o falante entende que deve ser mais formal porque não conhece bem o interlocutor ou porque o assunto exige esse tratamento elaborado, ele vai selecionar um estilo mais monitorado. Em situações de descontração, como a conversa entre pessoas ligadas por laços de afeição e confiança mútua, o falante vai sentir-se desobrigado de usar uma vigilante monitoração. Em qualquer dessas situações, o falante tem de levar em conta o papel social que está desempenhando e o papel social de seu interlocutor ou interlocutores. Vamos refletir um pouco mais sobre o conceito de papel social. O papel social do interlocutor ainda é mais importante do que o do falante na escolha dos modos de falar.

Além da adequação, outra dimensão importante que Dell Hymes incluiu no conceito de competência comunicativa é a viabilidade. Pode-se associar esse conceito a fenômenos sensoriais e cognitivos, como a memória e a audição, mas preferimos associá-lo a recursos comunicativos. Para viabilizar um ato de fala, o falante precisa dispor de recursos comunicativos, tais como recursos gramaticais, de vocabulário e de estratégias retórico-discursivas (cf. Bortoni-Ricardo, 2014).

A principal tarefa do ensino da língua materna na escola é, de fato, a ampliação desses recursos comunicativos, seja na modalidade oral da língua, seja na modalidade escrita. Muitas vezes um falante pode sentir-se inibido e evitar tomar a palavra numa interação, por perceber que lhe faltam recursos comunicativos. Quando alguém diz "não sei português", de fato, se percebe carente de recursos comunicativos, embora o português possa ser sua língua materna. Vejamos um exemplo. Um político eleito para um cargo no Poder Legislativo poderá, muitas vezes, deixar de participar de um debate por lhe faltarem recursos comunicativos. Também é bom lembrar que há profissões que demandam mais recursos comunicativos que outras, como as profissões de advogado, de jornalista, diplomata etc.

Ao chegar à escola, no caso brasileiro, toda criança, jovem ou adulto é um usuário competente da sua língua materna, ou seja, do português do Brasil, mas tem de ampliar a gama de seus recursos comunicativos para poder atender às convenções sociais que definem o uso linguístico adequado a cada gênero textual, a cada tarefa comunicativa, a cada tipo de interação. Alguns desses usos são extremamente especializados, exigindo vocabulário específico ou extrema atenção à formação sintática descrita na gramática normativa da língua.

O conceito de cultura estabelecido pelo antropólogo americano Ward Goodenough (★1919-†2013) (1964) é muito relevante para a pesquisa sobre a aquisição de língua materna ou estrangeira. De acordo com esse antropólogo funcionalista, a cultura de uma sociedade consiste em tudo o que uma pessoa tem de conhecer e tudo aquilo em que acredita, de modo a funcionar de maneira aceitável pelos membros dessa sociedade em qualquer papel social que desempenhe. Considerando uma tradição iniciada por Ralph Linton e Ward Goodenough, Aidan Southall (1973: 75) define papel social como uma posição estrutural, em um sistema social, que envolve um conjunto de direitos e deveres, como já vimos (cf. Bortoni-Ricardo, 1985, 2014).

Ainda segundo Hymes, uma teoria da competência comunicativa que possa explicar a produção e a interpretação do comportamento cultural tem de dar conta do que é formalmente possível, do que é viável, considerando-se os meios de implementação disponíveis, do que é apropriado em relação ao contexto de enunciação e o que é de fato realizado.

A Linguística formal tem como escopo o que é possível no sistema, enquanto a Sociolinguística e a Etnografia da Comunicação ocupam-se basicamente do que é apropriado, levando-se em conta as condições de produção do discurso.

Como já vimos, na descrição de competência comunicativa percebe-se que o essencial na teoria hymesiana é a noção de viabilidade. Hymes parece vê-la como equivalente ao conceito de aceitabilidade de Chomsky, mas para mim a viabilidade não se restringe a contingências, como limitação de memória, e deve ser ampliada para incluir todos os recursos linguísticos à disposição dos falantes. É ilustrativo observar que, segundo o autor, há uma fundamental diferença entre o que não é dito porque o falante não tem ocasião de dizê-lo e o que não é dito porque o falante não tem ou não encontra uma forma de dizê-lo. Se um falante não tiver acesso aos recursos linguísticos necessários para implementação de um certo ato de fala, como, por exemplo, vocabulário ou padrão retórico, seu ato de fala se torna inviável (cf. Bortoni-Ricardo, 2005, 2014).

Temos de nos lembrar ainda de que os recursos comunicativos integram o capital simbólico e social de cada pessoa (Pierre Bourdieu, 1974) e de que certas tarefas comunicativas são mais facilmente realizadas do que outras.

> Podemos dizer que cada evento de fala está associado a um certo grau de estresse comunicativo. Talmy Givón (1979) emprega esse termo como um parâmetro para aferir a formalidade na fala. De acordo com esse autor, não há estresse quando não existe pressão de tempo nem sequer necessidade de planejamento de um discurso. (Bortoni-Ricardo, 2005: 63ss.)

Trata-se de um fenômeno multifacetado e desejamos considerá-lo inversamente proporcional à viabilidade da comunicação, ou seja, inversamente proporcional à quantidade e qualidade de recursos comunicativos à disposição do falante (cf. Bortoni-Ricardo, 2005).

Estamos vendo que recursos comunicativos são de especial importância na vida profissional e pessoal de qualquer indivíduo. Para que esse conceito se torne mais claro, vamos ampliar essa discussão associando os recursos comunicativos aos seguintes parâmetros que vão ser discutidos sucintamente:

- Grau de dependência contextual.
- Grau de complexidade do tema abordado.
- Familiaridade com a tarefa comunicativa.

Quando duas pessoas conversam, cada uma delas age como recurso contextual para a outra, aquiescendo ou protestando, completando sentenças e ajudando no direcionamento da conversa. Por exemplo, quando partilham de experiência comum, muitas informações ficam implícitas e seu discurso tem um alto grau de contextualização. Além disso, podem fazer uso de gestos e expressões fisionômicas, que ampliam o grau de dependência contextual. É o que acontece na conversa entre os membros de uma família. Por exemplo, dois irmãos falando ao telefone:

> – Sabe aquilo que eu te falei ontem? Esquece. É melhor a gente procurar mais informações sobre o que eles estão pedindo. Depois a gente resolve.

Fica clara a grande dependência contextual nesse ato de fala que só é compreensível para os falantes envolvidos.

Quando a dependência contextual é menor, os enunciados têm de ser mais explícitos e os falantes recorrem a vocabulário específico e operadores lógicos buscando clareza e objetividade (cf. Bortoni-Ricardo, 2004, 2014). De fato, o grau de dependência contextual está muito ligado aos gêneros discursivos.

Outro parâmetro que tem de ser considerado quando falamos de recursos comunicativos é o grau de complexidade do tema abordado. Fica claro que a referência a uma experiência familiar recente, comum aos interlocutores, é muito mais viável que a síntese de uma palestra acadêmica, por exemplo.

Finalmente, o terceiro parâmetro que mencionamos foi a familiaridade com a tarefa comunicativa. Para um líder religioso, um pastor, um padre, um rabino etc., a descrição de uma passagem bíblica será mais fácil do que para um leigo não familiarizado com o texto bíblico, como já vimos. Da mesma forma, a um comandante militar será mais fácil elaborar uma ordem do dia do que a um civil, que não está acostumado com a linguagem da caserna.

CONCORDÂNCIA VERBO-NOMINAL

Um dos principais elementos determinantes da coesão textual em uma frase na língua portuguesa é a concordância do verbo com o sujeito. Os únicos casos em que ela é opcional são os infinitivos flexionados. Todas as demais formas verbais recebem desinências para concordar em número e pessoa com o sujeito, esteja ele presente ou implícito. As orações podem conformar-se à ordem canônica (sujeito – verbo – objeto), ou o sujeito também pode ocorrer após o verbo.

Quando comparado às variedades europeias e insulares, um dos traços mais marcantes do português brasileiro é a simplificação do sistema flexional do verbo. O português europeu manteve o sistema latino de seis pessoas verbais, três no singular e três no plural. As formas de segunda pessoa verbal só sobrevivem em algumas variedades no português do Brasil. Ressalte-se o seu uso em alguns gêneros discursivos como as orações – por exemplo, a "oração do

Pai Nosso". Vejamos o uso da segunda pessoa do plural do verbo em uma oração: "Pai Nosso, que <u>estais</u> no céu, santificado seja o <u>vosso</u> nome [...]". Formas de terceira pessoa são empregadas com sujeito de primeira e terceira pessoa do plural – por exemplo, "nós foi", "eles foi", "tu está", "tu foi" etc. Guy (1981: 234) observa que na maioria dos falares brasileiros o sistema verbal é reduzido a quatro categorias distintivas, a saber:

1. 1ª do singular;
2. 1ª do plural;
3. Não 1ª do singular;
4. Não 1ª do plural.

Nessas categorias, a 1ª pessoa e o número plural são marcados. O singular não primeiro é completamente não marcado. Todas as formas verbais de primeiras pessoas do plural terminam em -mos /-mus/. E todas as demais formas verbais plurais terminam em vogal ou ditongo nasalizado. Ou seja, ocorreu nas variedades não padrão, especialmente na modalidade oral, o nivelamento dos sufixos verbais à custa das formas marcadas de plural, e a regra de concordância verbal tornou-se variável, seja com sujeitos plurais de primeira e não primeira pessoas ou com formas não marcadas. Por exemplo:

Variedade padrão	Variedades não padrão
Nós queríamos ir	Nós queria ir
Eles queriam ir	Eles queria ir

Muitos estudos recentes, a partir de 1976, voltados para a regra de concordância verbal com sujeitos de terceira pessoa do plural, baseiam-se na hipótese avançada por John Naro e Miriam Lemle (1976) de que a falta de concordância tende a ocorrer mais nas formas verbais em que ela é pouco perceptível, ou saliente, para os falantes. O princípio da saliência fônica é um fenômeno psicossocial de percepção que está associado à ação da escola. Quanto mais escolarizado, mais o indivíduo tomará a língua padrão teoricamente descrita como um quadro referencial.

Os autores argumentam que a falta de concordância é mais saliente quando os segmentos fonéticos que materializam a oposição singular/

plural são mais diferentes entre si. Considerando essa distinção entre a forma marcada de plural e a forma não marcada, os autores postularam uma escala com níveis de saliência fônica, levando em conta dois componentes principais de saliência, que são um grupo de tonicidade e um grupo de diferenciação material. O primeiro, que é mais operacional, consiste na distinção entre desinência tônica e desinência átona da forma verbal. A diferenciação material consiste no grau de distinção fonética entre as formas singular e plural (Naro, 1981).

Para Guy (1981), a dimensão menor da saliência oposicional pode ser vista como uma regra de desnasalização. Há formas, segundo ele, em que a simples desnasalização torna as duas formas homófonas (ele come/eles come).

O conceito de saliência é muito relevante porque está enraizado na função da língua padrão como um quadro de referência, isto é, a percepção dos falantes do uso correto da língua, como Paul Garvin (1959) a definiu. A ausência de concordância é menos ou mais "saliente" para o falante nativo dependendo de quanto ela se afasta da forma padrão esperada. Tal percepção correlaciona-se positivamente com o grau de escolaridade dos falantes, bem como com seus hábitos de letramento – por exemplo, seus hábitos de ver novela de televisão (cf. Naro, 1981).

Em resumo, os estudos com a regra de concordância verbo-nominal no português do Brasil consideram dois grupos de variáveis, sempre levando em conta a noção de saliência fônica. O primeiro é o de classes morfológicas, que consiste em seis categorias, que estão apresentadas na ordem decrescente da ocorrência da marcação de plural no repertório dos falantes, a saber:

1. Desinências não acentuadas entre singular/plural estão presentes na segunda e terceira conjugações.

    Exemplo: ele desce – eles descem, ele parte – eles partem.

2. A oposição singular/plural não acentuada está presente na primeira conjugação.

    Exemplo: ele fala – eles falam.

3. A oposição singular/plural é acentuada e está presente na segunda e terceira conjugações verbais na forma de verbos irregulares terminados em /r/ ou /z/.

    Exemplo: ele faz – eles fazem, ele quer – eles querem.

4. A oposição se dá nas sílabas tônicas.

    Exemplo: ele dá – eles dão, ele está – eles estão.

5. A oposição é acentuada e ocorre no pretérito perfeito da segunda e da terceira conjugações.

    Exemplo: comeu – comeram, sumiu – sumiram.
    Incluindo ainda o par foi/foram.

6. A oposição é acentuada e ocorre no pretérito perfeito da primeira conjugação, com mudança na vogal temática.

    Exemplo: ele falou – eles falaram, ele fez – eles fizeram.
    E também no par é/são.

Em resumo, reiteramos que, quanto maior a saliência, maior a probabilidade de os falantes usarem a marca de plural.

O segundo grupo de variáveis relacionadas à concordância verbo-nominal considera a posição do sujeito em relação ao núcleo do predicado e contém quatro categorias:

1. Sujeito anteposto, que precede imediatamente o verbo.

    Exemplo: Ali os moradores vivem mais.

2. Sujeito anteposto distante do verbo.

    Exemplo: Os moradores que compareceram ao evento e pagaram as taxas na última semana trouxeram os carnês.

3. Sujeito posposto seguindo-se ao verbo.

    Exemplo: Encontram os moradores mais recursos na feira.
    Cabem cinco coleções naquele setor da biblioteca.

4. Sujeito implícito no discurso que precede o verbo.

Exemplo: Conheci alguns estudantes. Nem todos convivem com as suas famílias.

Pesquisas de Bortoni-Ricardo (1985), entre outras, mostram que diferenças geracionais desempenham um importante papel na aplicação da concordância verbo-nominal, com os jovens usando a regra mais do que os adultos. Nessa pesquisa (1985), contrariamente a outras equivalentes, as mulheres mostraram menor índice de concordância que os homens. Ficou também claro que, quanto mais inserido estiver um falante de origem rural na cultura urbana, mais esse falante usará a concordância. De fato, a concordância verbal parece ser um bom indicador da difusão dialetal por que passam migrantes de origem rural radicados nas periferias urbanas (cf. Bortoni-Ricardo, 1985, 2014).

A concordância verbal de primeira pessoa do plural é também uma regra variável em que o morfema -mos /-mus/ pode ser realizado como /mu/, ou simplesmente ser suprimido. Exemplo: "nós viemo de ônibus" ou "nós veio de ônibus".

No português brasileiro contemporâneo há uma tendência geral para o uso do pronome de tratamento "a gente", que ocorre com a forma verbal de terceira pessoa do singular. Em variedades rurais mais isoladas podemos ouvir frases como as seguintes:

nós falamos > nós fala;
a gente fala > a gente falamos.

Essa última mais frequente na fala infantil.

Adágios sobre a língua portuguesa

Considerando a proposta de analisar adágios sobre a língua, cabe mencionar um conjunto deles que valoriza o silêncio em detrimento da fala. Eles estão bastante arraigados na nossa cultura e levantam uma questão: por que se dá tanta importância ao silêncio? Seria uma tradição religiosa? Não temos respostas, mas vamos comentar deixando a interpretação ao leitor.

Começamos por levantar alguns adágios e expressões que refletem crenças e atitudes populares sobre o português que usamos. Elas se referem especificamente às seguintes questões:

- Como é a língua nossa do dia a dia?
- Como as pessoas se referem à língua que usam?
- Como se evidencia o senso comum em relação à língua portuguesa como a usamos no Brasil?

Nos tópicos a seguir vamos selecionar alguns desses adágios e expressões:

LÍNGUA MUITO DIFÍCIL

Muitos brasileiros acreditam que o português é a língua mais difícil do mundo. Quando estudam um pouco de inglês, por exemplo, e verificam que há poucas flexões verbais nessa língua, se convencem de que de fato nossa língua é mais complicada que as demais, o que certamente é um equívoco.

Como já pouco se estuda de francês ou de espanhol no Brasil, línguas cujas morfologias verbal e nominal se aproximam das equivalentes em português, a crença vai-se consolidando. É forçoso admitir, sem dúvida, que há um grande fosso entre a língua usada na fala e na escrita no dia a dia em nosso país e a língua que a gramática normativa insiste em recomendar. Devemos lembrar também que a cultura brasileira tem a gramática normativa em alta conta.

A DISTÂNCIA ENTRE O FALAR E O AGIR

Vejamos alguns adágios e provérbios que mostram a distância entre o falar e o agir. Eles enfatizam a competência comunicativa de um falante e criticam sua capacidade de ação, refletindo a crença muito comum na nossa cultura de que falar é muito fácil, mas transformar a fala em ação é difícil. Os adágios a seguir refletem essa crença:

1. Fulano é bom de bico.

É curioso o uso da palavra "bico" substituindo a palavra "boca", o que reflete uma depreciação. O adágio deixa implícito que, se alguém for julgado pela sua fala, poderá ser considerado muito competente, mas essa não é a realidade, pois a pessoa fala muito, mas não realiza. Particularmente, pessoas que militam na política sofrem esse tipo de crítica. Outro adágio que reitera a mesma crença é:

2. Falar é fácil, fazer é que é difícil.

CRÍTICAS À PROLIXIDADE

Na mesma linha de raciocínio, verifica-se na nossa cultura popular a crítica à prolixidade. Por exemplo, chamar alguém de "falastrão" é um insulto. Significa que, ao falar muito, o indivíduo comete indiscrições e até mentiras. Vejamos como essa ideia aparece na fala popular com dados obtidos na internet:

1. Para bom entendedor, meia palavra basta.
2. Muito falar, muito errar.
3. Fulano é falastrão.

ELOGIO AO SILÊNCIO

A contraparte dessa suposição são os elogios ao silêncio:

1. Em boca fechada não entra mosquito.
2. Antes calar, que mal falar.
3. Pela boca morre o peixe.
4. Bom é saber calar até ser tempo de falar.
5. Antes que fales, vê o que dizes.
6. Bem fala quem bem cala.
7. Muito falas, pouco acertas.
8. Não fales sem ser perguntado e serás estimado.
9. Falar sem cuidar é atirar sem apontar.
10. Falar não enche barriga.
11. Temos duas orelhas e uma só boca, justamente para escutar mais e falar menos.
12. Vale mais a pena ser um sábio calado que um papagaio mal informado.
13. A palavra vale prata. O silêncio vale ouro.

FUNCIONALIDADE DA LÍNGUA E ALEGRIA NA COMUNICAÇÃO VERBAL

Apesar dessa apologia ao silêncio, pode-se encontrar na cultura popular, todavia, referências à funcionalidade da língua. Vejamos:

1. Quem tem boca vai a Roma.
2. Estou muito prosa.
3. "Deixa isso pra lá
   Vem pra cá
   O que que tem?
   Eu não estou fazendo nada
   Você também.
   Faz mal bater um papo
   Assim gostoso com alguém?"
   (Jair Rodrigues, 1994)
4. Falem bem, falem mal, mas falem de mim.
5. As mulheres falam mais que os homens.

É oportuno observar que, em muitas culturas, existe a crença de que as mulheres falam mais que os homens; no entanto, não há estudos científicos que comprovem tais crenças (Aponte, 2019).

Uma forma depreciativa de se referir a uma mulher é chamá-la de "maritaca", que é um pássaro que produz sons vocais semelhantes a palavras. De acordo com algumas pesquisas, que aparentemente não puderam ainda ser comprovadas ou ratificadas, as mulheres falariam cerca de 20 mil palavras em um dia, enquanto os homens cerca de 7 mil. Estudos contemporâneos e mais confiáveis não confirmam essa crença.

O Acordo Ortográfico

O português é uma das línguas mais faladas no hemisfério sul. No hemisfério norte só é falado, como língua nacional, em Portugal.

Em 29 de setembro de 2008, quando o Decreto Presidencial nº 6.583/2008 aprovou no Brasil um Acordo Ortográfico da Língua Portuguesa, assinado em Lisboa em 1990 pelos países da Comunidade de Países de Língua Portuguesa (CPLP), o Ministério da Educação (MEC) constituiu uma Comissão de Língua Portuguesa cuja função era assessorar o MEC e o próprio governo da República em assuntos de política da língua. A Comissão era constituída de professores universitários, doutores em Linguística ou em Língua Portuguesa e reuniu-se muitas vezes para tratar, principalmente, da implementação do referido Acordo. Participavam ainda da Comissão especialistas do MEC e diplomatas de carreira.

Tive oportunidade de participar dessa Comissão de Língua Portuguesa. Assim como meus colegas, trabalhei intensivamente na divulgação do Acordo, que, à época, despertava grande interesse na imprensa nacional. É possível encontrar na internet e em livros sínteses explicativas desse acordo. Remeto os leitores ao livro *Guia prático da nova ortografia*, de Maurício Silva e Elenice Alves da Costa (2012).

No âmbito dessa Comissão, discutiu-se também, entre outros assuntos relevantes, a criação do Instituto Machado de Assis, nos moldes dos Institutos Camões ou Cervantes, mas esse tema suscitava sempre alguma fricção entre os representantes do MEC e do Ministério das Relações Exteriores (MRE), que não chegaram a um consenso sobre a que ministério tal instituto deveria estar subordinado, caso fosse criado.

O parágrafo único do art. 2º do referido Decreto nº 6.583 de 2008 estabelecia que a implementação do Acordo obedeceria ao período de transição de 1º de janeiro de 2009 a 31 de dezembro de 2012, durante o qual coexistiriam a norma ortográfica em vigor à época e a nova estabelecida.

Em nosso país, as mudanças ortográficas acordadas tornaram-se obrigatórias, de fato, a partir de 1º de janeiro de 2016. Mas muito antes toda a estrutura editorial brasileira acatou as mudanças e se ajustou a elas. As mudanças não eram muitas, na verdade. Somente cerca de 0,8% de vocábulos no Brasil e 11,3% em Portugal foram afetados. Mesmo assim, para a sociedade brasileira isso representou um significativo ônus, em termos de textos já publicados nos mais diversos suportes e em termos da necessária divulgação pedagógica das alterações.

Embora esse Acordo tivesse sido muito negociado, Portugal demonstrou, nos primeiros anos de sua implementação, bastante desconforto com as mudanças. Alegavam os especialistas que a língua havia passado a ser escrita à moda brasileira.

Tão logo foi publicado o Decreto de 2008, toda a sociedade brasileira se mobilizou. Os órgãos de imprensa e as editoras apressaram-se a ajustar suas produções, em qualquer suporte (impressos em papel ou em meio eletrônico), à letra do Acordo. Em especial as editoras que participam do Programa Nacional do Livro Didático (PNLD), pelo qual o MEC processa as compras dos livros didáticos para todas as escolas públicas no país, revisaram e reimprimiram livros, pois a atualização ortográfica era uma condição necessária para se habilitar nos editais publicados pelo Ministério. Tudo isso teve um enorme custo, pois as alterações no sistema ortográfico de uma língua são medidas onerosas e muitos países nunca as promovem.

A indústria editorial brasileira, como já vimos, foi célere em ajustar-se às normas acordadas. Isso foi o que aconteceu no Brasil. Em outros países de língua oficial portuguesa não houve igual empenho. Particularmente, em Portugal, o que houve foi uma sucessão de protestos. Temia-se que o Brasil estivesse assumindo uma liderança em termos linguísticos em toda a CPLP.

De fato, se nosso país conseguir superar sua histórica situação de analfabetismo nos próximos anos, que é o que se espera, teremos hegemonia também no que se refere ao número de leitores em português.

Embora os dados possam carecer de absoluta precisão, tem sido divulgado por especialistas que três quartos do contingente de falantes da língua portuguesa no mundo são brasileiros.

Cabia, à época do referido Acordo, uma pergunta crucial: enquanto vivenciávamos um período probatório, deveríamos manter as normas em vigor ou voltar às antigas? Para efeito de provas e concursos, os dois conjuntos de normas seriam aceitos, o mesmo acontecendo para efeitos de publicação.

A mim parecia que o português, como outras línguas de uso extensivo, ia continuar a ser escrito com pequenas modificações nos diversos países lusófonos. O inglês, por exemplo, tem uma ortografia usada nos Estados Unidos e uma ortografia usada na Inglaterra e em outros países anglófonos, que divergem um pouco entre si.

Voltando ao português, as diferenças ortográficas não precluem a compreensão e não é difícil que os livros tragam na sua introdução uma pequena nota sobre essas diferenças quando for o caso. Entendo que, mais importante que essa discussão formal sobre o acordo ortográfico, seja o compromisso que o Brasil tem de alfabetizar e letrar os seus cidadãos, tornando a todos leitores autônomos e proficientes.

Pessoalmente, quero deixar claro que fiz como Monteiro Lobato, que se recusava a usar alguns diacríticos. Continuei usando, à época, as regras de acentuação gráfica e de emprego do hífen como rezava o Acordo. Em especial, nunca mais voltei a usar o trema sobre a letra u, nem mesmo para ensinar as gerações futuras que o macaquinho se chama s/a/g/u/i, e não sagui.

Bibliografia

AMARAL, Amadeu. *O dialeto caipira*. 3. ed. São Paulo: Hucitec/SCRT/CEC, 1976 [1920].
APONTE, Catherine. "Do Women Really Talk More Than Men? What's the evidence?". *Psychology Today*. New York City: Sussex Publishers, LLC, 10 de outubro de 2019. Disponível em: <https://www.psychologytoday.com/us/blog/marriage-equals/201910/do-women-really-talk-more-men>. Acesso em: 3 nov. 2020.
AZEVEDO, Fernando. *A cultura brasileira*. 6. ed. Rio de Janeiro: Melhoramentos, 1996.
BARNES, John Arundel. Class and Committees in a Norwegian Island Parish. *Human Relations*, v. 7, n. 1, 1954.
_____. Network and Political Process. In: MITCHELL, J. C. (org,). *Social Networks in Urban Situations*. Manchester: Manchester University Press, 1969.
BELL, Allan. Language Style as Audience Design. *Language in Society*, v. 13, pp. 145-204, 1984.
BERREMAN, Gerald Duane. Aleut Reference Group Alienation, Mobility and Acculturation. *American Anthropologist*, v. 66, n. 2, pp. 231-50, 1964.
BLOOMFIELD, Leonard. *Language*. 20. ed. London: Cox & Wyman LTD, 1976 [1935].
BORTONI-RICARDO, Stella Maris. *Urbanization of Rural Dialects in Brazil*. Tese (doutorado) – Universidade de Lancaster, Inglaterra, 1983.
_____. *The Urbanization of Rural Dialect Speakers in Brazil:* a Sociolinguistic Study. Cambridge: Cambridge University Press, 1985.
_____. *Educação em língua materna:* a sociolinguística na sala de aula. São Paulo: Parábola, 2004.
_____. *Nós cheguemu na escola, e agora?:* sociolinguística & educação. São Paulo: Parábola, 2005.
_____; SOUSA, Maria Alice Fernandes. *Falar, ler e escrever em sala de aula*: do período pós-alfabetização ao 5º ano. São Paulo: Parábola, 2008.
_____ et al. *Formação do professor como agente letrador*. São Paulo: Contexto, 2010.
_____. *Do campo para a cidade, estudo sociolinguístico de migração e redes sociais*. São Paulo: Parábola, 2011.
_____. *Manual de Sociolinguística*. São Paulo: Contexto, 2014.
BOURDIEU, Pierre. *A economia das trocas simbólicas*. São Paulo: Perspectiva, 1974.
BOTT, Elizabeth. *Family and Social Network*. London: Tavistock, 1957.
BRASIL. Iphan. Ministério da Cidadania. *Relatório de atividades do grupo de trabalho da diversidade linguística do Brasil*. 2006/2007.

BRASIL. Funasa. Fundação Nacional da Saúde, 2009.
CÂMARA JR., Joaquim Mattoso. *Problemas de Linguística Descritiva*. 5. ed. Rio de Janeiro: Vozes, 1971.
_____. *História e estrutura da língua portuguesa*. Rio de Janeiro: Padrão, 1975.
_____. *Dicionário de Linguística*. Petrópolis: Vozes, 1978.
_____. *Estrutura da língua portuguesa*. 21. ed. Rio de Janeiro: Vozes, 1992 [1970].
CÂNDIDO, Antônio. *Os parceiros do Rio Bonito*. Rio de Janeiro: José Olympio, 1964.
CARDOSO DE OLIVEIRA, Roberto. *Urbanização e tribalismo*: a integração dos índios Terena numa sociedade de classes. Rio de Janeiro: Zahar Editores, 1968.
CASTILHO, Ataliba de. T. Variação linguística, norma culta e ensino da língua maternal. In: CASTILHO, A.T. et al. (orgs.). *Subsídios à proposta curricular de língua portuguesa para o 2º grau*. São Paulo: Secretaria de Estado da Educação, v. IV, 1978, pp. 32-43.
_____. *A nova gramática do português brasileiro*. São Paulo: Contexto, 2010.
CAVALCANTI, Marilda do Couto; BORTONI-RICARDO, Stella Maris (orgs.). *Transculturalidade, linguagem e educação*. Campinas: Mercado de Letras, 2002.
CHOMSKY, Noam. *Aspects of the Theory of Syntax*. Cambridge Mass: MIT Press, 1965.
CULTURA MUNDO ESTRANHO. *Superinteressante*, São Paulo: Editora Abril, 18 de abril de 2011. Disponível em: <https://super.abril.com.br/mundo-estranho/qual-e-o-idioma-com-mais-vocabulos/>. Acesso em: 3 nov. 2020.
FAORO, Raymundo. *Os donos do poder*: formação do patronato político brasileiro. Porto Alegre: Globo, 1984.
FARACO, Carlos Alberto. *História sociopolítica da língua portuguesa*. São Paulo: Parábola, 2016.
FASOLD, Ralph. *The Sociolinguistics of Language*. Oxford: Basil Blackwell, 1990.
_____. *The Sociolinguistics of Society*. Oxford: Basil Blackwell, 1984.
FISHMAN, Joshua Aron. Domains and Relationship between Macro and Micro Sociolinguistics. In: HYMES, D.; GUMPERZ, J. (orgs.). *Sociolinguistics: Selected Readings*. New York: Holt, Rinehart & Winston, 1972a.
_____. *The Sociology of Language*. Rowley: Newbury House, 1972b.
FREYRE, Gilberto. *Sobrados e mucambos*. Rio de Janeiro: José Olympio, 1968 [1936].
FURTADO, Celso. *Formação econômica do Brasil*. Rio de Janeiro, 1959.
GARVIN, Paul L. The Standard Language Problem – Concepts and Methods. *Anthropological Linguistics*, v. 1, n. 2, pp. 28-31, 1959.
GILES, Howard; SMITH, Philip. M. Accommodation Theory: Optimal Levels of Convergence. In: GILES, H.; ST. CLAIR, Robert (orgs.). *Language and Social Psychology*. Oxford: Basil Blackwell, 1979.
_____. Accommodation Theory: Some New Directions. *York Papers in Linguistics*, v. 9, pp. 105-36, 1980.
_____; POWLESLAND, Peter. F. Speech Style and Perceived Status: Some Conceptual Distinctions. In: GILES, H.; POWLESLAND, P. F. (orgs.). *Speech Style and Social Evaluation*. London: Academic Press, 1975.
GIVÓN, T. From Discourse to Syntax: Grammar as a Processing Strategy. In: Givón, T. (org.). *Syntax and Semantics*: Discourse and Syntax. New York: Academic Press, 1979.
GOFFMAN. Erving. *Forms of Talk*. Philadelphia: University of Pennsylvania Press, 1981.
_____. *Behavior in Public Places*. New York: Free Press, 1963.
_____. Footing. In: RIBEIRO, B. T.; GARCEZ, P. (orgs.). *Sociolinguística internacional*. São Paulo: Loyola, 2002, pp. 107-48.
_____. *Replies and Responses*, n. 5, 197, pp. 257–313.
GOODENOUGH, Ward. Cultural Anthropology and Linguistics. In: HYMES, D. (org.). *Language in Culture and Society*. New York: Harper & Row, 1964, pp. 36-9.
GORSKI, Edair Maria; COELHO, Izete L. (orgs.). *Sociolinguística e ensino:* contribuições para a formação do professor de língua. Florianópolis: Editora da UFSC, 2006.
GOULART, Mauricio. *A escravidão africana no Brasil*. São Paulo: Alfa Ômega, 1975.
GRICE, Herbert Paul. Logic and Conversation. In: COLE, P.; MORGAN, J. L. (orgs.). *Syntax and Semantics*. v. 3. New York: Academic Press, 1975.
GUIMARÃES, Lytton Leite. *Communication Integration in Modern and Traditional Social Systems*: a Comparative Analysis Across Twenty Communities of Minas Gerais, Brazil. Tese: Michigan: Michigan State University, 1972.
GUMPERZ, John Joseph. Sociolinguistics and Communication in small groups. In: PRIDE, J. B.; HOLMES, J. (orgs.). *Sociolinguistics*. Harmondsworth: Penguin, 1972, pp. 203-24.
_____. *Social Network and Language Shift*. Working Paper 46. Berkley: Language Behavior Laboratory,1976.

_____. Language, Social Knowledge and Interpersonal Relations. *York Papers in Linguistics* 9, pp. 137-50, 1980.
GUY, Gregory R. *Linguistic Variation in Brazilian Portuguese*: Aspects of the Phonology, Syntax and Language History. Tese. Philadelphia: University of Pennsylvania, 1981.
_____; ZILLES, A. M. *Sociolinguística quantitativa*: instrumental de análise. São Paulo: Parábola, 2007.
HALLIDAY, Michael Alexander Kirkwood. *Categories of the Theory of Grammar*. Word, v. 17, n. 3, 1978a.
_____. *Language as Social Semiotics*. Baltimore: University of Park Press, 1978b.
HAUGEN, Einer. *Bilingualism in the Americas*. Tuscaloosa: University of Alabama Press, 1956.
HOLANDA, Sérgio Buarque de. *Raízes do Brasil*. São Paulo: Companhia das Letras, 1995 [1936].
HOUAISS, Antônio. *Dicionário Houaiss da Língua Portuguesa*. São Paulo: Objetiva, , 2001 [2009].
HYMES, Dell. On Communicative Competence. In: PRIDE, J. B.; HOLMES, J. (orgs.). *Sociolinguistics*. Harmondsworth: Penguin, 1972, pp. 269-93.
LABOV, William. The Social Motivation of a Sound Change. *Word*, New York, v. 19, n. 3, pp. 273-309, 1963.
_____. The effect of social mobility on linguistic behavior. *Sociological Inquiry*, 36, pp. 186-203, 1966.
_____. *Sociolinguistic Patterns*. Philadelphia: University of Pennsylvania Press, 1972a.
_____. The Logic of Nonstandard English. In: *Language in the Inner City*. Philadelphia: University of Pennsylvania Press, 1972b.
LAKOFF, Robin. The Logic of Politeness; or Minding your P's and Q's. In: CORUM et al. (orgs.). *Papers from the Ninth Regional Meeting*. Chicago: Chicago Linguistic Society, 1973.
LANGACKER, Ronald. W. *A Linguagem e sua estrutura*. Rio de Janeiro: Vozes, 1972.
LE PAGE, Robert Brock. Projection, Focusing and Diffusion. *York Papers in Linguistics*, v. 9, 1980.
LEMLE, Miriam. Heterogeneidade dialetal: um apelo à pesquisa. In: LOBATO, L. (org). *Linguística e ensino do vernáculo*. Rio de Janeiro: Tempo Brasileiro, 1978, pp. 60-94.
LESSA, Luiz Carlos. *O Modernismo brasileiro e a língua portuguesa*. Rio de Janeiro: Grifo, 1976.
LOMNITZ, Larissa Adler. *Network and Marginality*. New York: Academic Press, 1977.
LUCCHESI, Dante. Variação e norma: elementos para uma caracterização sociolinguística do português do Brasil. *Revista Internacional de Língua Portuguesa*, 12, pp. 17-28, 1994.
_____. *Português Brasileiro II*: contato linguístico, heterogeneidade e história. Niterói: EDUFF, 2008.
MARTINET, André. *Elementos de Linguística Geral*. São Paulo: Martins Fontes, 1978.
MATTOSO, Kátia de Queirós. *Ser escravo no Brasil*. Pref. C. F. Cardoso. São Paulo: Brasiliense, 1982.
MILROY, Lesley. *Language and Social Networks*. Oxford: Basil Blackwell, 1980.
MIMOSO, Juan Sardina. *Relación de La Real Tragicomedia con que los Padres de la Compañia de Jesus... recibieron a la Magestad Católica de Filipe II*, fls. 58r e 58 v, 61r e 61v, 62r e 62 v, 63r, 1620.
MITCHELL, James Clyde. Networks, Norms and Institutions. In: BOISSEVAIN, J.; MITCHELL, J. C. (orgs.). *Network ANALYSIS: Studies in Human Interaction*. Haia: Mouton, 1973.
MOLLICA, Maria Cecília (org.). *A influência da fala na alfabetização*. Rio de Janeiro: Tempo Brasileiro, 1998.
NARO, Anthony Julius. The History of e and o in Portuguese: a Study in Linguistics Drift. *Language*, v. 47, n. 3, pp. 615-45, 1971.
_____. Review Article on Linguistic Variation: Models and Methods. *Language*, v. 56, pp. 158-70, 1980.
_____. "The Social and Structural Dimensions of a Syntatic Change". *Language*, v. 57, n. 1. p. 63-98, 1981.
_____; LEMLE, Miriam. Syntactic Diffusion. *Ciência e Cultura*, v. 29, pp. 259-68, 1976.
_____; SCHERRE, Maria Marta. Sobre as origens do português popular do Brasil. *D.E.L.T.A. – Revista de Documentação de Estudos em Linguística Teórica e Aplicada*, São Paulo: EDUC, v. 9, n. especial, 1993, pp. 437-54.
_____; SCHERRE, Marta P. *Origens do português brasileiro*. São Paulo: Parábola, 2007.
OLIVEIRA, Fernão de. *Grammatica da lingoagem portuguesa* em lixboa: e[m] casa d'Germão Galharde, 27 Ianeyro, 1536.
OLIVEN, Ruben George. *Urbanização e mudança social no Brasil*. Petrópolis: Vozes, 1982.
QUEIROZ, Maria Isaura Pereira de. *Cultura, sociedade rural e sociedade urbana no Brasil*. Rio de Janeiro: Livros técnicos e científicos; São Paulo: Edusp, 1978.
RIBEIRO, Darcy. *O povo brasileiro, a formação e o sentido do Brasil*. São Paulo: Companhia das Letras, 1995.
ROBINS, Robert Henry. *Linguística Geral*. Porto Alegre: Globo, 1977.
RODRIGUES, Aryon D'Alligna. *Línguas brasileiras*: para o conhecimento das línguas indígenas. São Paulo: Loyola, 1986.
RYAN, Ellen Bouchard. Why Do Low-Prestige Language Varieties Persist? In: GILES, H.; ST. CLAIR, R. (orgs.). *Language and Social Psychology*. Oxford: Basil Blackwell, 1979. pp. 145-57.

SANT'ANA CASTRO, Vandersí. A redução de proparoxítonas no português popular do Brasil: estudo com base em dados do atlas linguístico do Paraná (ALPR). *Estudos Linguísticos*, São Paulo, v. 37, n. 2, pp. 113-21, maio-ago. 2008.

SAPIR, Edward. *Language*: An introduction to the study of speech. New York: Harcourt, Brace& World, 1921.

SAUSSURE, Ferdinand de. *Cours de Linguistique Générale*. Paris: s.e., 1949.

SCHERRE, Maria Marta. *A regra de concordância nominal de número no sintagma nominal em português*. 1978. Dissertação (Mestrado) – Pontifícia Universidade Católica do Rio de Janeiro.

_____; SILVA, Giselle Machiline de Oliveira e. (orgs.). *Padrões sociolinguísticos*. Rio de Janeiro: Tempo Brasileiro, 1996.

_____. Sobre a influência de três variáveis relacionadas na concordância nominal em português. In: SCHERRE, M. M. P.; SILVA, G. (orgs). *Padrões sociolinguísticos – análise fenômenos variáveis do português falado na cidade do Rio de Janeiro*. Rio de Janeiro: Tempo Brasileiro, 1996, pp. 87-117.

_____; NARO, Anthony Julius. Sobre a concordância de número no português falado do Brasil. In: RUFFINO, Giovanni (org.). *Dialettologia, Geolinguistica, Sociolinguística*. (Attidel XXI Congresso Internazionale di Linguistica e Filologia Romanza) Centro di Studi Filologici e Linguistici Siciliani, Universitá di Palermo. Tübingen: Max Niemeyer Verlag, 5, 1998, pp. 509- 23.

_____; NARO, Anthony Julius. Sobre as origens do português popular no Brasil. *D.E.L.T.A.* 9, 1993, pp. 437-54.

SILVA, Maurício; COSTA, Elenice Alves da. *Guia prático da nova ortografia*. São Paulo: Editora Contexto, 2012.

SILVA, Rosa Virgínia Mattos e. O renovado impulso nos estudos históricos do português: temas e problemas. *A cor das letras*, Feira de Santana, n. 2, pp. 15-28, dez. 1998.

_____. Sobre desencontros e reencontros: Filologia e Linguística no Brasil no século XX. *Estudos linguísticos e literários*, Salvador, n. 21-22, pp. 97-108, 1998.

_____. *O português são dois*. São Paulo: Parábola, 2004.

SILVA NETO, Serafim da. *Introdução ao estudo da língua portuguesa no Brasil*. Rio de Janeiro: Presença, 1977 [1950].

SOUSA, Bernardo Vasconcelos e. Idade Média (séculos XI-XV). In: RAMOS, Rui; SOUSA, Bernardo Vasconcelos e; MONTEIRO, Nuno Gonçalo. *História de Portugal*, 2010, v. II, pp 15-196.

SOUTHALL, Aidan. *Urban Anthropology*. London: Oxford University Press, 1973.

THE RATIO STUDIORUM: The Official Plan for Jesuit Education. Trad. Claude Pavur. S.J. St. Louis: Institute of Jesuit Sources, 2005.

VASCONCELOS, José Leite de. *Esquisse d'une Dialectologie Portugaise*. Lisboa: Centro de Estudos Filológicos, 1970 [1901].

_____. *Esquisse d'une Dialectologie Portugaise*. Lisboa: Centro de Estudos Filológicos, 1970 [1901].

VEIGA, José Eli da. *Cidades imaginárias*. Campinas: Autores Associados, 2002.

WEINREICH, Uriel. *Languages in Contact*. Haia: Mouton, 1953.

WOLFRAM, Walt; FASOLD, Ralph. W. *The Study of Social Dialects in American English*. Englewood Cliffs: Prentice-Hall, 1974.

A autora

Stella Maris Bortoni-Ricardo é professora titular aposentada de Linguística da Universidade de Brasília (UnB), onde atuou na Faculdade de Educação (graduação e pós-graduação), no doutorado em Linguística, foi diretora do Instituto de Letras – UnB e coordenadora de pós-graduação em Linguística e em Educação. É formada em Letras Português e Inglês pela PUC-Goiás (1968), tendo cursado o primeiro ano no Lake Erie College, em Ohio, US; tem mestrado em Linguística pela UnB (1977) e doutorado em Linguística pela Universidade de Lancaster (1983). Fez estágio de pós-doutorado na Universidade da Pensilvânia (1990). Foi bolsista Fulbright na Universidade do Texas, em Austin (1978-9). Orientou 99 dissertações de mestrado e 58 teses de doutorado, além de estágios de pós-doutorado. Tem experiência na área de Sociolinguística, com ênfase em Educação e Linguística, atuando principalmente nos seguintes temas: letramento e formação de professores, educação em língua materna, alfabetização e etnografia de sala de aula. Pela Editora Contexto, é autora do *Manual de sociolinguística* e coautora dos livros *Ensino de português e sociolinguística*; *Formação do professor como agente letrador*; *Linguagem para formação em Letras, Educação e Fonoaudiologia*; *Linguística aplicada: um caminho com diferentes acessos* e *Sociolinguística, sociolinguísticas: uma introdução*. Suas publicações mais recentes podem ser acessadas em www.stellabortoni.com.br. E-mail: stellamb@terra.com.br.

GRÁFICA PAYM
Tel. [11] 4392-3344
paym@graficapaym.com.br